닥터 필로소피

TO CONQUER FEAR IS THE BEGINNING OF WISDOM

(두려움을 극복하는 것이 지혜의 시작이다).

__버트런드 러셀

김대호 지음

내 삶을 치유하는 철학 솔루션   닥터 필로소피

틈새의시간

저자의 말

철학이 어렵다고 말하는 사람들이 있습니다. 사실입니다. 철학은 어려워요. 저도 처음 철학책을 폈을 때 어려웠어요. 그런데 꾸준히 읽었습니다. 어려운 책을 굳이 읽은 이유가 무엇이냐고요? 어느 순간 큰 재미를 느꼈기 때문입니다. 처음에는 어렵지만 철학자들이 남긴 문장 하나하나 그 깊은 의미를 알게 되면 그만큼 재미가 솟아납니다. 특히 철학의 매력은 인생을 돌아보게 하는 힘이 있는 것 같아요. 그런 가운데 미래를 살아낼 새로운 지혜를 얻기도 합니다.

이 책은 바로 그런 재미를 느껴보길 원하는 분들을 위한 것입니다. 제 삶에서 느꼈던 기쁨, 슬픔, 두려움, 권태, 격정… 그 모든 감정 가운데서 시대를 넘어 들려오는 철학자들의 이야기를 통해 지혜를 얻고 다시 걸을 수 있었거든요. 독자 여러분도 저와 같은 재미를 느꼈으면 좋겠습니다. 그것이 이 책을 쓴 유일한 이유입니다.

저는 이 책에서 철학의 오래된 주제인 인식론, 존재론, 지성론, 윤리론을 다루었습니다. 1장 '인식론'에서는 우리의 의식이 어디에서 왔는지, 이로 인한 문제점들은 무엇인지 살피면서 허상과 진실 사이에서 우리의 정신을 치유하는 철학적 의식 상태를 소개합니다. 2장 '존재론'에서는 나란 존재란 무엇이고 어떤 철학적 사유로 삶을 살아가면 좋을지 스스로의 자존감을 높이는 방법으로서의 철학을 논합니다. 3장 '지성론'에서는 진정한 '앎'이란 무엇이고 지혜가 우리의 삶을 어떻게 풍요롭게 할 수 있을지 말합니다. 끝으로 4장 '윤리론'에서는 나를 넘어 우리, 이기적 사유에서 이타적 사유로 나아가는 공동체적 사회 철학에 대한 아이디어를 공유합니다. 독자 분들께서는 책을 읽으실 때 순서에 상관없이 관심 가는 장부터 읽으셔도 됩니다.

막상 출간하고 보니 허접한 사유 수준과 얄팍한 앎이 드러나 매우 부끄럽습니다. 그러나 단 한 분이라도 이 책을 읽고 삶 가운데 도움이 되신다면 그것으로 족합니다.

이 책이 나오기까지 고마운 이들이 있습니다. 오랫동안 기다려주고 투박한 글을 보기 좋게 다듬어 한 권의 책으로 완성해준 틈새의시간 이제롬 편집장님 고맙습니다. 항상 힘이 되어주는 가족들과 함께 길을 가는 벗들에게도 감사의 말씀 전합니다.

무엇보다 사랑하는 아버지 '故김주섭'님께 이 책을 바칩니다.

2023년 8월
철학책 읽기 좋은 깊고 고요한 밤
김대호

차 례

프롤로그

저는 철학 덕후입니다. 제가 철학을 좋아하는 이유는 우선 재미있기 때문입니다. 두 번째 이유는 철학이 매우 실용적인 학문이기 때문입니다. 인생에서 여러 가지 어려운 문제가 다가왔을 때 저는 그것들을 '철학자의 언어'로 극복할 수 있었습니다. 특히 불안과 우울함을 떨쳐버리는 데 유용했는데요. 반복되고 지루한 일상 속에서 철학은 늘 저에게 새로운 '동기'를 부여해주고 새로운 원동력을 제공해주었습니다. 저는 이런 작은 경험을 여러분과 나누고 싶어서 책을 쓰게 되었습니다. 좋은 것을 좋은 사람들과 함께 나누고 싶어서요.

나를 살린 철학

사실 철학이란 학문은 정밀한 논리구조와 합리적인 정합성을 요구하는 태생적으로 엄격한 분야죠. 고대 철학이 자연철학, 곧 과학이나 수학과 일심동체였다는 점만 봐도 그렇잖습니까? 이런 형식 안에서 진리를 추구하는 것이 바로 '철학하기'입니다. 그러므로 통념적인 철학책이란 이 같은 사유의 과정을 철저하게 거친 기라성같은 철학자들의 이론을 분석하고 여기에 나의 사유를 더하여 현실에서 수용하는 과정이어야 할 것입니다.

이런 의미에서 본다면 제가 쓴 글들은 전통적인 철학책과 조금 거리가 멉니다. 접근방법이 다르기 때문이지요. 철학은 진리를 객관적으로 찾아가는 학문임과 동시에 '주체', 즉 나 자신과 세상을 비롯한 '타자'와의 관계를 사유하는 학문이기도 합니다. 저는 후자에 방점을 찍고 글을 썼습니다. 그러다 보니 저 자신의 내밀하고도 개인적인 생각을 담은 '철학 에세이'가 되었습니다. 물론 저를 여러 생각의 길로 안내하고 나름대로 눈을 뜨게 해준 도구는 제가 사랑하는 철학자들의 말(언어)입니다.

제가 철학에 관심을 가지게 된 계기는 매우 사적입니다. 약 10년 전 저는 심각한 불안장애를 앓았습니다. 잠을 이루지 못했고, 밀려드는 죽음의 공포에 시달려야 했습니다. 심장이 뜬금없이 마구 뛰는가 하면, 시도 때도 없이 식은땀이 흘러내렸습니다. 대체 왜 이런 것이 나한테 찾아왔는지 이해할 수 없었습니다. 시간을 가리지 않고 찾아오는 불안 발작 때문에 가장 왕성하게 일해야 하는 시기에 방구석 폐인으로 지냈습니다. 강의든 집필이든 거의 모든 요청을 거절하면서 숨어 있었습니다. 심각하게 병들어 있었던 겁니다. 끝없는 공허함, 지독한 허무와 함께 저는 심연의 바닥을 보았습니다.

그러던 어느 순간, '이러다 죽을 수도 있겠다'라는 절체절명의 위기감이 엄습하더군요. 솔직히 말씀드리자면 죽고 싶지 않았습니다. 아니, 죽는 게 무서웠습니다. 그 상황을 이겨내고 싶었습니다. 그때, 철학을 '다시' 만났습니다. 학창 시절에 조우했던 철학자들에게 절규에 가까운 초대장을 보냈습니다. 칸트, 니체, 키르케고르, 쇼펜하우어, 하이데거, 프로이트, 융 등 손에 잡히는 대로 읽었습니다. 성경과 불경, 인도 경전도 수없이 읽었습니다. 결과가 어땠냐고요? 저는, 분명히 말할 수 있지만, 정말 많은 도움을 받았습니다. 철학은 정신의 길을 잃은 제게 단단한 나침반이 되어주었습니다.

철학은 '나'라는 존재를 사유하고 '나'의 마음과 상황을 객관적으로 탐색하는 데 매우 유용한 도구입니다. 철학을 하면 오감이 무척 예민해집니다. 철학은 내가 느끼는 모든 감각, 즉 시각, 후각, 청각, 촉각으로 들어오는 다양한 현상과 사태를 내밀히 감지하여 나의 이성과 합일에 이르는 과정이기 때문입니다. 이렇게 철학을 이해하고 나 자신을 들여다봄으로써 저는 나 자신을 비로소 이해하게 되었고, 정신의 불안함을 많은 부분 극복할 수 있었습니다. 정신적 고통으로 인해 낮아졌던 자존감은 어느새 회복됐습니다. 이 과정을 통해 저는 한 뼘 더 성장했습니다. 더 나아가 철학은 세계를 보는 저의 인식을 바꾸어주었고 더 열정적으로 사회에 참여하는 사람으로 만들어주었습니다. 이 책을 통해 독자 여러분은 제가 경험한 이러한 과정을 만나실 수 있습니다. 치유, 회복, 성장 그리고 실천의 철학을 말이죠.

철학과 과학은 친구다

영국의 과학자이자 소설가인 찰스 퍼시 스노(Charles Percy Snow, 1905~1980)는 과학과 인문학을 구분하는 현대 사회의 '두 문화'가 의사소통을 단절했다고 말했습니다. 흔히 문과를 대표하는 학문으로 문학 역사학 철학을 들고, 이과를 대표하는 학문으로 자연 과학을 들잖습니까? 그러다 보니 철학과 과학은 왠지 서로 반대되는 영역처럼 느껴집니다. 그러나 철학과 과학은 사실 하나의 궤도 아래서 서로를 보완해주고 있습니다. 철학과 과학 둘 다 논리적 엄밀성을 요구하며 함께 가고 있지요. 요란한 성과를 뽐내는 현대 과학 역시 여전히 논리학과 수학의 기반 위에 있습니다. 논리학은 고대 그리스의 철학자 아리스토텔레스가 기틀을 놓았고, 수학은 피타고라스를 통해 기초가 닦였잖습니까? 그 시절에는 철학과 과학, 수학과 문학을 나누지 않았습니다. 진정한 통섭의 시대였지요.

근대로 넘어오며 철학과 과학이 구분되기 시작했지만, 철학은 늘 과학과 함께 한 시대를 호흡해왔습니다. 철학자이자 근대 이성의 아버지라 불리는 데카르트는 17세기 과학을 창안한 과학자[1]로도 평가받습니다. 뉴턴의 과학은 '자연철학'이라 불렸는데, 그는 만유인력의 법칙을 설명하기 위해 이성의 논리를 매우 중시했습니다. 근세 철학에서 대륙의 합리론과 영국의 경험론을 통합한 독일 철학자 칸트의 《순수이성비판》은 이성을 강조한 뉴턴의 과학과 맞닿아 있습니다. 심지어 그는 이성을 세분하기까지 합니다.

현대 물리학은 아인슈타인의 상대성 이론으로 대표됩니다. 아인슈타인 역시 철학이란 "가장 광범위한 형태의 지식에 대한 탐구"라고 했습니다. 그의 상대성 이론은 엄청나게 어려워 보이고 대단해 보이지만, 이 역시 존재란 무엇이고 그 존재는 시간 속에서 어떻게 현현하는가를 고민한 하이데거의 《존재와 시간》과 함께 호흡하고 있어요. 현대 철학자 퍼트남 역시 아인슈타인의 상대성 이론을 차용해 자아의 주관적 시간과 세계의 객관적 시간의 차이를 설명하고 있습니다.

과학계의 이야기를 좀 더 이어가볼까요?

현대 과학은 이중슬릿실험을 통해 전자가 파동이었다가 관찰이 이루어지면 입자로 변한다는 사실을 밝혀냈습니다. 이것이 바로 양자역학의 세계입니다. 관찰자에 따라 물리 세계가 변할 수 있다는 사실은 그야말로 많은 사람에게 큰 충격을 안겨주었습니다. 유명한 사고실험 '슈뢰딩거의 고양이'를 떠올려보면 쉽게 이해할 수 있습니다. 닫힌 상자의 뚜껑을 열기 전까지 우리는 그 안의 고양이가 살았는지 죽었는지 알 수 없습니다. 이론상 삶과 죽음이 중첩된 상태입니다. 관찰자가 상자 뚜껑을 열어 확인했을 때야 비로소 고양이의 삶과 죽음이 결정됩니다. 이런 식의 설명이 바로 양자역학에 대한 다양한 해석 중 하나인 코펜하겐 해석(Copenhagen interpretation)입니다. 수식으로 표현되는 어떤 물리량은 인간이 그것을 어떻게 측정하는지와 관계없이 일정하게 존재한다는 것이 고전역학이라면, 무려 현대 과학인 양자역학은 관측자와 대상 모두를 고려해야 한다고 역설합니다. 참으로 놀라운 과학적 인식인데요, 관찰자와 대상이라는 명명 자체에 철학적 사고의 흔적이 보이기 때문입니다.

이와 같은 과학의 불확정성은 오랫동안 철학자들이 논쟁해온 '존재론'과 '인식론' 그리고 '현상학'에 대한 주제와 긴밀하게 연결됩니다. 현대 물리학의 세계는 더 나아가 철학과 정신분석학의 명제를 조금씩 증명해가고 있습니다. 과학은 계산하고, 철학은 그 결과를 인간의 존재와 연결하여 의미를 부여합니다. 과학과 철학은 이렇듯 서로를 보완하며 한 시대를 공유합니다.

"철학은 모든 학문의 아버지다"라는 말이 있죠? 이것은 철학이 '근원에 대한 물음'을 기초로 하기에 그렇습니다. 뉴턴은 나무에서 떨어지는 사과를 보며 이런 질문을 던집니다. 저 위에 하늘에 떠 있는 별들은 떨어지지 않는데 왜 사과는 떨어지는가? 이것은 근원에 대한 철학적 질문입니다. 그렇습니다. 철학은 질문하는 것입니다. 질문을 풀기 시작하는 순간 한 개인이 품은 주관적 의문은 객관적 지식으로 나아갑니다. 그렇게 철학은 과학으로 나아갑니다. 마찬가지로 우리는 무엇을 알 수 있는가, 라는 철학적 질문은 인간의 이성을 보다 정합적인 논리로 구축하는 기하학과 수학을 탄생시켰습니다. 우리 인간은 어떻게 살아야 하는가, 라는 철학적

15

질문은 많은 세기를 거치며 토론하고 정립함으로써 오늘날 도덕론이 되고 사회과학이 되었습니다. 우리가 철학을 공부하면 다른 학문을 이해하는 사유가 트이고 눈이 열리는 이유입니다.

철학만의 매력은 무엇일까?

그러나 철학은 이렇게 과학과 함께 호흡하면서도 과학에 없는 매력을 지닙니다. 바로 의미 부여입니다. 과학은 존재하는 사실을 찾아내는 것이고, 그 사실을 있게 해준 원리를 찾는 과정이자 결과입니다. 그러나 과학은 궁극의 기원이나 의미와 가치 따위에 대해선 묵묵부답하기 일쑤죠. 그렇습니다, 과학은 무척 불친절합니다. 그러나 철학은 결이 조금 다릅니다. 뭔가 심오하고 난해해 보이지만, 철학은 세계와 인간을 연결하여 가치와 의미, 진리와 지혜를 찾으려 애씁니다. 그 과정이 바로 철학하기입니다. 그리고 우리는 이 철학하기로 말미암아 더욱 풍요로운 삶을 누리게 됩니다.

철학의 두 번째 매력은 모든 것을 의심하는 의심병에 있습니다. 과학은 보이는 현실, 주어진 결과만을 계산하지만, 철학은 그 현상 너머의 세계까지 탐구하려 듭니다. 피안의 세계를 엿보려 하는 거죠. 눈앞에 있는 세상을 살아가는 것만 해도 힘들어 죽을 맛인데, 그 너머의 세계를 탐색하다니, 시간이 남아도는구먼, 하고 혀를 찰 수도 있겠습니다. 그런데 정말 여러분 눈앞에 있는 것이 진짜 삶이고 진짜 고통이고 진짜 사랑입니까? 그것이 진짜라는 것을 여러분은 어떻게 아셨나요?

이상세계와 현실 세계를 구분했던 플라톤의 이데아론, 그리고 우리의 인식은 저마다 다른 관념에 따라 해석된다는 칸트의 "물자체" 이론은 이러한 탐구 정신에서 탄생한 것입니다. 주어진 모든 것을 의심하고 또 의심한 끝에 의심하는 나만을 참 존재로 인식한 데카르트의 철학도 실은 물리학의 사실적 현상을 넘어서는 것입니다. 그는 "혹시 우리가 사악한 악마에게 완전히 속고 있는 것은 아닌가?" 하고 물음을 던지면서 "2 더하기 2는 사실 5인데, 악마의 농간으로 4로 인식하고 있는 것이 아닌가?" 하고 명징한 사실마저 의심하면서 본질을 파고들었습니다. 이를 흔히 데카르트의 방법적 회의라고 합니다. "모든 걸 의심해도 단 한 가지 의심할 수 없는 사실이 있으니, 그것은 바로 내가 지금 이것을 의심하고 있다는 생각 그 자체이다"라는 유명한 명제 "Cogito ergo sum"(나는 생각한다, 고로 존재한다)은 이렇게 탄생했습니다. 우리는 데카르트를 일컬어 근대 이성의 아버지라 말합니다. 진리 탐구의 근본이 되는 의심과 회의, 그리고 의심하는 '나'의 존재는 신이 모든 것을 결정하는 중세의 세계관에서 벗어나 개인의 이성적 사고를 꽃피우는 데 지대한 공헌을 하지요. 버트런드 러셀도 그의 저서 《철학이란 무엇인가》에서 철학에 대해 이렇게 정의합니다. "일상생활의 지극히 흔한 일도 그 한 꺼풀 밑에는 기이하고 불가사의한 점이 가로놓여 있음을 보여주는 문제에 대해 질문할 수 있는 힘이 있다." 철학의 매력은 이렇듯 보이는 현실마저 의심하고 질문하는 깊은 사유 안에 있습니다.

삶의 위안이 되는 철학자들의 언어

철학자들의 언어는 무척 함축적이지만, 짧은 문장 하나하나에도 다양한 정신이 들어있습니다. 저는 그런 문장들을 마음속 깊이 새겨두었다가 필요할 때마다 하나씩 꺼내 봅니다. 깊이 생각하면서 사유합니다. 덕분에 저는 삶의 여러 고민을 극복할 수 있었습니다.

언어는 인간의 사고 활동을 가능하게 해주는 가장 기본적인 재료이자 사유하는 주체를 극명하게 드러내는 본질이기도 합니다. 언어는 또한 개념을 만들어냅니다. 나와 너, 철수와 영희, 책상과 의자, 이 모든 것은 '그렇게' 호명됨으로써 비로소 타자와 구별되고 존재하게 됩니다. "내가 그의 이름을 불러주었을 때, 그는 나에게로 와서 꽃이 되었다"는 시구처럼요. 그런데 철학자들의 언어에는 개념을 알려주는 것 외에 또 다른 본질적인 힘이 있습니다. 우리의 뇌를 끊임없이 자극하여 사유하고 또 사유하게 함으로써 사유의 범위를 확장하게 해줍니다. 이를테면 18세기 프랑스의 작가이자 철학자였던 볼테르가 말한 "파렴치를 분쇄하라"는 문장이 있습니다. 파렴치를 분쇄하라니, 대체 무슨 뜻일까요? 그 진의를 알려면 우리는 18세기 프랑스로 뛰어들어야 합니다. 광신과 혐오가 판을 치던 그 시기, 장 칼라스 사건이 벌어집니다. 신교도로서 유죄 판결을 받게 된 칼라스는 고문을 당한 후 바퀴에 매달려 으깨

져 죽었고 간신히 살아남은 그의 아들은 볼테르에게 도움을 요청합니다. 그는 광신과 권력이 영합하여 불러온 끔찍한 사태 앞에서 행동하는 지식인이 되고자 마음먹고는 이 사건에 대한 전말을 서술하여 인쇄한 뒤 친구들에게 돌리면서 도움을 요청합니다. 교회는 볼테르의 마음을 돌려보려 노력하지만 헛수고였습니다. 볼테르는 이때 친구들에게 쓰는 모든 편지의 마지막을 "파렴치를 분쇄하라!"라는 말로 끝맺습니다. 이후 '파렴치'란 단어는 비단 신앙뿐 아니라 지적이거나 정치적인 면에서의 모든 광적 압제를 상징하게 됩니다.

저는 바로 이런 철학자들의 문장에서 새로운 사고의 물꼬를 트게 되었습니다. 특히 삶에서 어려움과 고단함이 느껴질 때 철학자들의 문장을 되새기면서 새로운 길을 발견하곤 했습니다. 그전에는 전혀 상상하지 못했던 통찰을 얻으면서요.

철학은 또한 매우 실용적인 학문입니다. 문학적 사유뿐 아니라 현대 심리학이나 소통이론에도 지대한 영향을 미쳤습니다. 교양을 쌓고 나를 이해하고 타인을 이해하는 데도 매우 중요한 '성찰'을 가져다주었고요. 덕분에 우리는 삶을 더욱 풍요롭게 하고 가치 있는 일상으로 나아갈 수 있게 되었습니다.

이제부터 여러분은 저와 함께 이 같은 철학의 다양한 매력을 만나게 될 것입니다. 그 만남과 더불어 여러분의 삶에 작은 위로가 있길 소망합니다. 여러분에게 내 삶의 치유자 닥터 필로소피를 소개합니다.

1장

치유: 인식론
마음을 위로하는 철학

에드바르 뭉크, 〈절규〉, 1893

2012년 어느 날, 어둠이 짙게 내린 새벽, 오늘도 어김없이 밤이 공포스럽다. 잠을 이룰 수 있을까? 남자는 자신에게 묻는다. 깊은 잠에 빠져들던 아내의 숨소리를 뒤로하고 방을 나와 거실로 나온다. 그곳에 있는 거울에 비친 자신의 모습을 한참을 바라본다. 청년기를 지나 중년기로 접어들고 있는 남자가 보인다. 최근 몸이 15kg 불었다. "참 못생겼구나" 남자는 혼잣말을 내뱉는다. 그간 열심히 살아왔던 남자, 성과도 좋았고 인정도 받았다. 얼마 전 출판한 첫 책은 잘 팔린다는 소식을 전해 들었다. 강의 요청과 프로젝트 요청이 계속 들어온다. 그러나 오늘도 남자는 걸려온 전화를 받지 않았다.

깊은 무기력감이 덮쳐온다. 남자는 벌써 며칠째 쉽게 잠들지 못하고 있다. 눈을 감으면 다시 눈 뜨지 못할 것이라는 공포에 휩싸이기 때문이다. 온몸에는 식은땀이 난다. 심장은 터질 듯이 뛴다. "나 왜 이러지?" 결국 눈을 감지 못한다. 거울을 한참 바라보던 남자는 어제와 같이 집을 나와 편의점으로 향한다. 소주 2병과 과자 몇 개를 집어 들고 도망치듯이 집으로 다시 향한다. 혹여 아내가 깰까 봐 숨소리도 내지 않고 사 온 소주를 빠르게 들이킨다. 정신이 혼미하다. 술만큼 정신을 마비시키는 데 효과적인 것은 없다. 술의 힘을 빌려 간신히 잠든다. 남자는 "도대체, 이 짓을 언제까지 해야 한단 말인가?" 잠꼬대 같은 말을 내뱉는다.

잠에서 깬 남자는 또다시 아침을 맞이한다. 의미가 없다. 다시 무력감이 덮쳐온다. 사는 게 지겹다. "오늘은 또 뭐 하고 살아야 하나?" "하루가 이렇게 공포스러울 수 있다니?", 또다시 혼잣말을 내뱉는다. 그래도 오늘은 뭔가 해보기로 한다. 오래된 책장에 꽂혀 있는 먼지 쌓인 책을 여기저기 펼쳐본다. 익숙한 테마, 익숙한 주제, 지겹다. 그냥 술이나 마실까? 그런데 오늘은 아내랑 약속했다. 낮술은 절대 마시지 않기로. 그 순간 사놓고 한 번도 보지 않은 책이 눈에 들어온다. 5년 전인가? 10년 전인가? 도대체 이 책은 내가 언제 샀지? 왜 샀지? 남자가 중얼거린다. 혼잣말은 이제 습관이 됐다. 기억조차 나지 않는다. 《OOO 철학 여행》 제목부터 지루함이 느껴진다. 아마도 사고 딱 한 페이지 읽고 덮었을 게 뻔하다. 그래도 다시 한번 펼쳐본다. 볼 게 그것밖에 없다. 아무런 기대 없이 서문을 읽기 시작한다. 그렇게 남자는 침묵의 고요와 함께 책으로 빠져들어 간다. 어느새 1시간이 지났다. 남자는 여전히 책을 놓지 않고 있다. 아니 빠져 있다는 표현이 더 어울린다. 갑자기 모든 게 새롭게 느껴진다. '닥터 필로소피'를 만난 것이다.

화가 뭉크의 작품 〈절규〉에는 실존적 공포를 담은 자아가 잘 드러납니다. 그는 붉게 물드는 하늘을 보며 갑자기 깊은 공포를 느꼈다고 하는데, 그 감정을 캔버스에 담은 것 같습니다. 뭉크는 왜 갑자기 공포와 불안을 느낀 것일까요?

저 역시 문득 일상이 두렵다고 느낄 때가 있습니다. 반복과 반복을 반복할 때입니다. 아침에 일어나 씻고 먹고 출근하고 일하고, 퇴근하고 또 씻고 먹고 자고, 내일 하루를 이번 주를, 이번 달을, 이번 연도를 끊임없이 자전하고 공전하는 삶이란 무한의 소순환과 대순환의 그 끝을 알 수 없는 무한의 무한이 또다시 숨이 막힐 정도로 반복됨을 느낄 때입니다. 인생의 무겁고도 깊은 '현기증'은 이렇게 종종 찾아옵니다.

그런데 이 짙고 깊은 허무의 무한을 탈출해 자유의 바다를 향해 한 이들도 있습니다. 매일 매일 하루를 새로운 마음으로 사는 사람들 말입니다. 우리 주변에서도 만날 수 있는 사람들입니다. 현대 철학의 문을 연 프리드리히 니체(Friedrich Wilhelm Nietzsche, 1844~1900)는 "인간은 항상 거듭해서 태양 빛 아래 태어나 항상 거듭해서 자신의 황금빛 승리의 시간을 체험한다"[2]라는 말을 했습니다. 바로 그런 비유에 어울리는 사람들이 있습니다. 무한 가운데 피고 지고 늘 변함없는 순환의 써클을 따라 돌고 있는 것처럼 보이지만 실상 이들은 또 다른 모습으로 시간의 점선을 타고 있는 것입니다. 그것을 유영하며 날마다 새롭게 피어나는 것입니다. 그들에게는 항상 같은 반복이란 없습니다. 언제나 다른 시간, 다른 공기, 다른 태양을 자각합니다. 영원히 돌면서도 앞으로 나아가는 그런 존재죠. '영원히 돌면서도 앞으로 나아가다'니, 그들에겐 일상에서 오는 불안, 부지불식간의 공포가 없는 걸까요? 그들은 어떻게 해서 불안이라는 감정을 탈출해 날마다 새로운 마음으로 삶을 살아갈 수 있었을까요?

불안아, 그냥 나랑 같이 살자

저의 오래된 관심사는 '불안'이었습니다. 정확히 말하면 '불안 감'일지도 모릅니다. 우울과 우울감이 다른 것처럼 말입니다. 대체로 늘 "불안은 어디에서부터 오는가?" "왜 나는 아무 이유 없이 불안한 것인가?" 하는 생각에 빠져 지냈습니다. 처음엔 나만 그런 줄 알았습니다만, 그건 아니더군요. 현대인들 모두가 저마다의 불안을 안고 살아가고 있었습니다. 드러난 모양은 다르지만 본질은 하나인 셈이었어요.

치열한 경쟁 사회를 살아가는 현대인들에게 불안이라는 감정은 다분히 '실존'적일 수밖에 없습니다. 통계에 따르면 현대인의 30퍼센트는 불안장애를 겪는다고 하는데요. 여기에 쓸 만한 답을 해주는 철학의 한 갈래가 '실존주의 철학'입니다. 실존주의 철학은 자신의 현재, 바로 이 순간 느끼는 감정을 충실하게 사유하는 철학입니다. 실존주의를 한마디로 표현한다면 "스스로의 결단을 통해 자기 자신을 창조하는 철학"이라고 말할 수 있습니다. 즉 인간에게 처음부터 정해진 목표 같은 것은 없으며, 내가 스스로 내 삶을 결정해 삶을 창조해야 한다는 의미입니다. 모든 사물은 마땅히 쓰임새가 정해져 있죠. 의자는 앉기 위해 있고, 볼펜은 쓰기 위해 존재합니다. 그러나 실존하는 인간에겐 그런 목적이 없습니다. 매 순간 스스로의 자유로운 선택으로 살아갈 뿐입니다. 이와는 반대로 구조주의 철학에서는 내가 속한 집단의 구조 안에서 나의 목적이 정해진다고 보고 있습니다. 교사는 나를 공부하는 학습자로 보고 회사는 나를 업무를 처리하는 도구로 보죠. 가족마저도 아빠나 엄마 혹은 아들과 딸 등 가족 구성원으로서의 역할을 부여합니다. 즉 인간은 자유롭게 선택하는 삶이라기보다는 자신이 속한 국가, 문화, 집단의 차이 속에 존재하며 타자와의 관계에서 정해진 삶을 산다는 뜻입니다. 여러분은 어떤 철학에 더 마음이 갑니까? 무엇이 맞느냐를 두고 실존주의 철학자인 장 폴 사르트르(Jean Paul Sartre, 1905~1980)와 구조주의 인류학자인 레비스트로스(Claude Levi Strauss, 1908~2009)가 논쟁을 펼치기도 했습니다. 저는 둘 다 맞는 이야기 같아요. 우리는 구조 속에 속해 있지만, 자유의지에 따라 동시에 다른 것을 선택할 수도 있으니까요. 어떻든 실존주의 철학은 이렇듯 '집단'보다 '개인'에 집중하는 철학이라고 말할 수 있습니다. 그래서 실존주의 철학은 인간의 '기분'에 집중합니다. 늘 인간은 자신만의 어떤 특정한 기분에 휩싸여 산다고 말합니다. 맞는 이야기죠? 여러분이 지금 느끼는 기분은 무엇인가요? 그중에는 불안이라는 기분도 있을 것입니다. 실존주의 철학에서는 불안이라는 감정을 어떻게 말하고 있을까요?

실존주의 철학에서는 불안이라는 감정을 인간의 '존재 방식'이라 말합니다. "존재 방식이라고요?" 네, 그렇습니다. 우리가 살아가기 위해 밥을 먹고 잠을 자듯 불안을 일종의 '정신의 생리 현상'이라고 생각하면 된다는 것입니다. 인간은 불안이라는 감정을 떠나서 살아갈 수 없다는 뜻이네요. 화장실에 가는 게 아무리 귀찮아도 생리 현상을 참을 수 없듯이 불안이라는 감정도 마찬가지라는 겁니다.

실존주의 철학은 왜 불안이라는 감정을 피할 수 없는 것이라고 보았을까요?

실존주의 철학은 유신론적 실존주의와 무신론적 실존주의로 나뉩니다. 유신론적 실존주의자인 키르케고르(Søren Kierkegaard, 1813~1855)는 불안의 감정을 인간의 뿌리 깊은 '원죄' 의식에서 찾았습니다. 원죄를 가지고 태어났기에 필연적으로 불안을 경험한다는 것입니다. 물론 이것은 오래된 서양 전통의 '기독교적 해석'이라고 볼 수 있습니다. 인간이 하느님의 뜻을 어기고 죄를 지었고 이 죄의 뿌리가 불안이라는 감정으로 나타난다는 것입니다. 누구나 죄를 지으면 부끄럽고, 불안하고, 심판받을까 두렵습니다. 우리 의식 안에 이런 죄책감이 깊게 새겨 있는 것입니다. 그러나 기독교 세계관에서 이루어진 키르케고르의 불안에 관한 근원 탐구는 다양한 세계관을 가진 현대인이 보편적으로 받아들이기에는 무리가 있습니다.

　그렇다면 무신론적 실존주의자인 마르틴 하이데거(Martin Heidegger, 1889~1976)의 견해는 어떨까요? 그는 '던져진 존재'라는 인간의 특성에서 불안의 원인을 찾았습니다. 흔히 이 던져진 존재라는 말을 '피투성(被投性)'이라고 번역하는데요. 이는 문자 그대로 세상에 던져진 자아를 뜻합니다. 나라는 존재가 세상에 왜 나왔는지, 도대체 어디로 가는지조차 알지 못한 채 고아처럼 삶의 한가운데 던져졌다는 의미죠. 부모를 잃은 고아나 입양인들이 평생 불안함과 두려움을 안은 채 이리저리 흔들리며 세상을 살아가는 것처럼요.

　기억상실증에 걸린 사람을 떠올려보세요. 기억상실증 걸린 사람은 내가 왜 이곳에 있는지, 나는 누구인지, 내 앞에 있는 저 사람은 누구인지, 그 모든 것에 대한 기억이 없습니다. 삶이 몽땅 도려내진 것처럼 말이죠. 아무것도, 그 누구도, 알거나 기억하지 못하기에 불안하기 그지없습니다. 이런 경우 대부분의 사람은 존재 자체에 의문을 품게 되면서 뿌리부터 흔들리게 마련입니다. 실존 철학은 이런 '불안'의 감정을 없애는 것은 원천적으로 불가능하다는 입장입니다.

　키르케고르도 인간의 불안에 대해 이렇게 말합니다. "자기가 위대한 것은 자기가 일찍이 불안을 느껴본 일이 없다는 바로 그 점에 있다고 생각하고 있다면, 그러한 현상은 그가 바로 정신을 결여하고 있기 때문이다"[3]라고요 그렇습니다. 우리 인간은 왜 태어났는지, 어떻게 살아야 하는지, 나는 누구인지를 끊임없이 고민하는 존재입니다. 질문이 많기에 불안할 수밖에 없는 의식을 지닌 존재입니다. 삶 이전의 존재를 인식하기 어렵고, 삶 이후의 앞날을 정확하게 예측하기도 어렵습니다. 현생의 이전이나 이후나 경험의 영역을 넘어서지 않습니까? 경험하지 못한 것에 대해서는 불안감을 느끼게 마련이고요. 그래서 실존 철학은 인간에게 내재한 이런 '불안'의 감정을 없애는 것이 원천적으로 불가능하다고 봅니다.

인간이 아닌 동물의 경우는 좀 다릅니다. 그들은 본능에 충실합니다. 과거나 미래를 사는 것이 아닌 '오직 현재'만을 삽니다. 배고프면 먹고, 졸리면 자고, 위협을 받으면 도망칩니다. 즉 생존본능에 충실한 삶을 살아갑니다. 그러나 인간은 그 모든 상황에서 과거와 미래를 고민하며 판단을 내립니다. 가치적 판단을 합니다. 배고프지만 다른 이유로 먹지 않거나 위협적인 상황에서 어떠한 이유로 도망치지 않을 때도 있습니다. 그 판단에 수많은 생각들이 교차합니다. 인간은 많은 생각 속에 던져진 존재입니다. 즉 동물은 메타인지를 하지 못합니다. 동물은 생각하지만 생각한다는 것을 생각하는 것을 하지 못합니다. 반면 인간은 생각한다는 것을 생각하고 또 생각한다는 것을 인지합니다. 그런 점에서 독일 현대 철학자인 아르놀트 겔렌(Arnold Gehlen, 1904~1976)은 "환경에 완전히 적응하여 일관되게 본능에 제압당한 채 살아가는 동물과 달리 인간은 생물학적으로 보아 결함투성이인 존재다"[4]라고 말하니다. 불안은 이런 수많은 생각의 길에 놓인 우리의 감정 상태입니다. 즉 인간의 높은 의식은 다른 동물들과 달리 '자기성찰적'입니다. 동물은 언제나 현재만을 살지만, 인간은 과거와 미래를 살고 삶과 죽음을 늘 고민하는 존재니까요. 동물은 다른 존재로부터 위협을 당할 때나 불안을 느끼지만, 인간은 아무런 일이 없어도 불안을 느끼는 유일한 존재입니다. 어떤 일이 벌어지면 '벌어졌기' 때문에 불안해하고, 아무 일도 없으면 '없어서' 불안합니다. 참 이상하죠?

해맑은 어린아이들의 모습을 떠올려보세요. 필요한 모든 것을 갖춘 환경에 있는 어린아이들은 불안해하지 않습니다. 아이들은 정말 '순전히' 자신의 현재 욕구를 해결하려고 신호를 보내죠. 그 욕구가 해결되면 거기서 끝입니다. 아기들이 배가 고프거나 잠이 오거나 배변을 하고 우는 것은 불안해서가 아니에요. 본능적인 욕구가 채워지지 않으니 화가 나서 우는 것입니다. 그러니 욕구가 해결되면 웬만해서는 어른들처럼 '실존적 불안' 따위에 시달리지 않습니다.

그렇습니다. 불안은 인간의 성장과 함께합니다. 불안은 시간을 먹고, 세월을 먹습니다. 성장할수록, 나이를 먹어갈수록 점점 더 불안해지는 이유입니다. 그러니 어쩌겠습니까? 그림자처럼 내 존재에 붙어 있는 게 불안이라면 차라리 자연스럽게 받아들이는 게 낫지 않겠습니까? 실존 철학은 이처럼 불안을 받아들일 때 극복할 수 있다고 말합니다. 독일의 대문호 괴테는 이런 말을 했어요. "인간은 노력하는 한 방황하는 법이다." 이 말을 이렇게 바꿔볼 수 있겠네요. "인간은 존재하는 한 불안해하는 법이다." 그렇습니다. 내가 불안한 것은 나의 무엇이 부족해서도, 내 주변에 나쁜 일이 일어나고 있어서가 아닙니다. 불안은 인간이 존재함을 증명해주는 징표입니다. 서로 떼려야 뗄 수 없는 샴쌍둥이 같다고나 할까요? 그러니 그저 인정하면 될 일입니다. 삶 속에서 문득 찾아오는 불안을 별것 아닌 것으로 받아들이면 됩니다. 아침이 지나고 낮이 지나고 해가 떨어진다고 해서 밤이 다가오는 것을 두려워하는 사람은 거의 없습니다. 자연스러운 현상으로 인식하니까요.

불안을 극복하는 철학 솔루션 중 또 다른 방법은 세상을 나의 '뇌가 해석하는 것이라' 받아들이는 것입니다. 근대 철학자 이마누엘 칸트(Immanuel Kant, 1724~1804)는 "우리가 보는 세상은 우리의 뇌가 해석한 세상"이라고 말합니다. 즉 우리는 누구나 눈 앞에 펼쳐진 '것'들을 감각기관과 이성의 도움을 받아 주관적으로 인식하게 마련이라는 뜻입니다. 그러나 이런 인식(뇌의 해석)이 곧 어떤 사물이나 현상의 '태초의 있음' 그러니까 '원래 그것'은 아니라고 칸트는 말합니다. 이것을 그는 자신의 용어로 '물자체(Ding An Sich)'라고 표현하는데, 뭔가 다른 우리말 표현이 나오면 참 좋겠습니다.

칸트는 우리 인간이 '물자체'를 온전히 인식하는 것은 불가능하다고 말합니다. 칸트는 사과를 예로 들어 설명하는데요. 그는 우리 앞에 놓인 사과가 진짜 무엇인지 그 본질은 인간이 알 수 없다고 말합니다. 예를 들어 앞에 사과가 한 알 있습니다. 이것이 어떤 사람에게는 '잘 익은 빨간 사과'로 보이지만, 강아지에게는 흑백의 어떤 것으로 보이고, 박쥐에게는 초음파[5]로 인식됩니다. 만약 외계인이 있다면 빨간 사과를 우리가 보는 것과 똑같이 인식하지 않을 겁니다(사실 외계인이 되어 보지 않는 이상 알 수 없죠). 태어날 때부터 시각 장애가 있는 이는 빨간색에 대한 개념이 없으므로 빨간 사과를 정확히 설명하기가 불가능하겠지요. 그렇다면 앞에 예로 든 상황 중 정말 객관적으로 '빨간 사과'라고 말할 수 있는 것은 무엇입니까? 빨강은 어디서 어디까지가 빨강인가요? 어떤 색조 스펙트럼에 들어가야 빨간 사과라고 할 수 있나요? 빨간 사과의 원형은 무엇입니까? 칸트는 '그것을 알 수 없다'라고 말합니다. 그래서 우리 인간은 세상을 인식할 때 자신만의 '범주'로 해석한다고 주장한 것이지요. 앞에 있는 '사과'가 우리의 눈을 통해 감각되고 감각된 사과가 우리의 뇌에서 해석된 것, 바로 그것을 우리는 인식할 수 있을 뿐입니다. 여기에 인간은 사과라는 이름을 붙이고 "색깔은 어떻고, 맛은 어떻다"라고 정의하는 것이지 그것 자체가 사과라는 사물의 본질은 아니란 의미입니다. 그러니까 세상은 나의 의식이 편집한 대로 인식됩니다. 따라서 불안도 객관적인 세상에 있는 것이 아니라 나 자신의 의식 속에 있는 것입니다. 즉 우리의 불안은 객관적 상황이 아닌 나 자신이 만들어낸 상상 속에 있다는 뜻이지요.

이렇게 생각하면 불안이란 놈이 좀 만만해 보이지 않나요? 불변의 어떤 것으로, 객관적인 그 무엇으로 떡 하니 존재하는 게 아니라 내가 만들어낸 생각, 나의 감각과 인식이 합심하여 지어놓은 세계에 존재하는 것이라면, 우리의 뇌가 불안 감지 및 대처 시스템을 풀가동하면 되는 것 아니겠습니까? 발견 즉시 그 정도에 따라 억제하거나 대안을 찾거나 긍정적으로 풀어버리게끔 말입니다.

인간은 주체적인 존재처럼 보이지만 전혀 그렇지 않습니다. 하이데거는 인간이 항상 무엇인가에 '사로잡혀' 있다고 말합니다. 마치 인식된 소프트웨어에 의해 저절로 돌아가는 하드웨어 같다고 해야 할까요? 우리는 잠들어 있을 때도 꿈이라는 것을 꿉니다. 우리는 꿈의 내용을 선택하거나 조정할 수 없어요. 우리의 의지와 상관없이 그냥 꾸게 되죠. 무의식이 우리를 사로잡고 있는 것입니다. 깨어있을 때도 무엇인가를 끊임없이 생각하게 됩니다. 집안일, 직장일, 친구일 생각을 멈추기가 어렵습니다. 우리가 생각하는 것 같지만 사실 생각이 우리를 사로잡고 있는 것입니다. 인간의 뇌는 자동으로 돌아갑니다. 의식적으로 뭔가 생각하려고 하지 않는 순간마저 '생각하지 않겠다'라는 그 생각이 일어납니다. 정말이지 아무 생각 없이 사는 건 불가능해 보입니다. 이를 잘 나타내주는 이야기가 있죠. 바로 '코끼리는 생각하지 마'입니다.

미국의 정치철학자인 조지 레이코프(George Lakoff, 1941~)는 누군가 우리에게 "코끼리는 생각하지 마"라고 말하는 바로 그 순간 우리는 코끼리를 생각하게 된다고 이야기합니다. 우리 뇌가 '생각하지 마'라는 메시지보다 '코끼리'라는 이미지를 더 깊이 각인하고 있는 탓이지요. 심지어 잠을 잘 때조차 우리의 뇌는 활동을 멈추지 않습니다. 꿈을 꾸니까요. 우리의 의지와 상관없이 하루 24시간 완전 가동하는 셈입니다. 오스트리아 출신 정신분석학의 창시자 지그문트 프로이트(Sigmund Freud, 1856~1939)가 발견한 무의식의 세계는 바로 그 영역 안에 있습니다.

이렇게 생각을 따르다 보니, 불안을 잠재우거나 달랠 수 있는 길이 보일 것 같습니다. 뇌가 우리의 의지와 상관없이 활동한다면, 좋은 것, 좋은 생각을 끊임없이 주입하면 되지 않을까요? 그러면 우리의 뇌가 자동으로 좋은 것에 '사로잡혀' 24시간을 움직이지 않을까요? 그러다 보면 자연스레 좋은 결과와 연결될 겁니다. 그런데 반대로 부정적인 것을 지속해서 집어넣으면 어떻게 될까요? 보나 마나 나쁜 것에 사로잡힐 테고, 나쁜 결과로 이어지질 겁니다. 이러한 방법은 일종의 사고의 알고리즘을 만드는 것과 같습니다. 좋은 알고리즘이 형성되면 별다른 노력을 하지 않아도 좋은 에너지가 자동으로 나오게 됩니다. 그러나 나쁜 알고리즘이 형성되면 어떤 생각을 하든 부정적인 사념에 사로잡히게 됩니다. 제 방법은 늘 좋은 글과 말을 접하는 것입니다. 훌륭한 내용의 책을 읽고, 모바일에서도 좋은 콘텐츠를 찾아봅니다. 여기에는 의도적인 노력이 필요합니다. 그렇게 끊임없이 좋은 것을 접하면 늘 좋은 상상과 생각을 저절로 하게 됩니다. 꿈을 꾸어도 관련된 꿈을 꾸기도 합니다.

쇼펜하우어(Arthur Schopenhauer, 1788~1860)가 "세계는 나의 표상이다"라고 진술한 배경도 이와 같습니다. 그는 "과학 역시 모든 표상 사이에 맺어진 합법칙적인 연관성에 대한 지식"[6]이라고 말하죠. '표상'이라는 말이 어렵습니다만, 원어로 풀면 조금 쉬워집니다. 표상은 독일어로 Vorstellung인데요, 앞(vor)에 세워놓은 (stellen) 어떤 그림이란 뜻입니다. 현실의 것이든 가상의 대상으로부터 온 것이든 표상은 모두 마음에 의해 만들어집니다. 자, 이렇게 생각해볼까요? 캔버스에 동그라미가 하나가 있습니다. 어떤 이들은 이것을 지구라 하고, 어떤 이들은 축구공이라고 하고 어떤 이들은 사람의 얼굴이라 합니다. 이중 무엇이 정답일까요? 정답은 모두 다입니다. 동그라미는 그 모든 것으로 인식될 수 있는 원형이기 때문입니다. 결국 동그라미를 어떻게 받아들일지는 나 자신에게 달려 있습니다.

현대의 과학기술도 이를 입증해나가는 중입니다. 얼마 전 메타버스(metaverse)에 대한 강의를 듣다가 갑자기 이런 생각이 들었습니다. 쇼펜하우어가 말한 "세계는 나의 표상이다"라는 정의는 우리가 세계를 받아들이는 방법이란 결국 빛의 반사 신호를 받아들이는 것이고, 이것을 각자가 표상으로 인식한다는 것과 같은 게 아닐까, 하는 생각 말입니다. 칸트의 물자체 개념도 마찬가지입니다. 그러고 보면 메타버스 개념의 가상현실도 결국 빛의 신호를 우리 신경에 전달하는 것입니다. 현실 세계 역시 빛의 반사가 신호가 우리 신경에 전달되어 인식합니다. 이렇게 보면 인식론적 관점에서 가상세계와 현실 세계의 차이가 없는 것입니다.

딱 하나 차이라면 가상현실 안에서는 생식이 불가능하다는 점입니다. 섭취하고 배설하는 행위를 통해 인간은 생명의 연속성을 얻는데요, 가상현실에서 먹고 마시는 표상은 시각적으로는 감각할 수 있지만 실제로 우리 몸에 영양분을 공급하는 건 아니잖습니까? 그런 행위가 현실의 내 몸에 영향을 미치려면 가상현실에서 빠져나와 식탁 위에 있는 밥을 먹어야 합니다.

이런 생각도 해볼 수 있겠네요. 가상현실에서 실제로 생식이 가능하다면 세상은 어떻게 될까요? 예를 들어 생명공학 기술이 발달해 영양제 한 알로 생명을 유지할 수 있는 영양분을 얻는다면요, 또 뇌 신호를 조작해 영양제를 섭취하는 그 순간 맛있는 치킨이든 부드러운 치즈케이크든 본인이 좋아하는 맛을 느낄 수 있는 감각을 얻게 된다면요? 실제로 글로벌 플랫폼 회사들이 원숭이 뇌에 칩을 끼우고 뇌 신호를 조작해 행동하게 하는 실험을 하고 있습니다. 이런 실험이 성공을 거두어 상용화한다면 앞에서 이야기한 영양제 한 알 이야기 같은 것도 억지는 아닐 테지요. 구글 엔지니어링 이사이자 《특이점이 온다》의 저자 레이 커즈와일(Ray Kurzweil, 1948~)은 가상현실 기술이 고도로 발달하면 인간은 갈수록 실제와 가상을 구분하지 못하게 될 것이고, 이로 인해 모든 인간은 자신이 원하는 가상현실 안에 더 오래 머물게 되어서 현실 세계로 나오려 들지 않을 것이라고 이야기합니다. 그의 예언이 실제로 이루어진다면 사실상 가상과 현실의 경계는 사라질 테고, 각 개인을 위한 다중 우주 세계가 열릴지도 모릅니다.

이렇게 보면 1999년에 개봉한 영화 〈매트릭스〉는 단순히 이슈

몰이를 했던 영화 한 편이 아니라 정확한 미래 계시록이 됩니다. 현대 기술이 이렇게 인간의 예측대로 발전한다면 우리 삶도 많은 영향을 받을 텐데요. 이것이 이 영화가 시사하는 것도 결국 '나의 인식이 세상을 창출한다'는 것입니다. 그래서 매트릭스가 처음 개봉되었을 때 수많은 철학 논문과 책들이 쏟아졌는지 모릅니다. 철학계에도 분명 시사하는 바가 컸던 것입니다.

놀랍게도 양자 물리학으로 인해 이러한 통찰은 점점 과학으로 발전하고 있습니다. 관찰자의 '본다'는 행동이 물질세계에 영향을 준다는 놀라운 사실을 발견했기 때문이죠. 원자가 파동이었다가 입자로 변환되는 데 추가된 것은 오직 인간의 '보는' 행동 하나뿐입니다. 이것을 물리학에서는 '관찰자 효과'(observer effect)라고 합니다. 물리학자인 리처드 파인만(Richard Phillips Feynman, 1918~1988)과 존 휠러(John Wheeler, 1911~2008)는 "양자는 지각되기 전에 특성을 갖지 않는다"고 말합니다. 휠러는 더 나아가 "모든 사물은 인식되기에 존재한다"라고 하죠. 이로써 우리 의식이 우주와 연결되어 있다고 생각하기에 이릅니다. 이를 두고 세계적인 베스트셀러 작가이자 의사인 디펙 초프라(Deepak Chopra, 1946~)와 물리학자인 미나스 카파토스(Menas Kafatos, 1945~)는 '참여 우주'라는 관점을 제시합니다. 한번 설명을 들어볼까요? 1963년 노벨생리학상 수상자인 존 에클스는(John Eccles, 1903~1997) 자연에 색깔은 없다고 주장했는데요. 우리가 느끼는 질감, 패턴, 아름다움, 향기 같은 건 실제로 존재하지 않는 것[7]이라고 말합니다. 자연의 모든 속성은 인간이 느끼는 감각일 뿐이라는 겁니다. 즉 인간 존재 의식으로 수렴할 때 일어나는 현상이라는 것이죠. 초프라와 카파토스는 더 나아가 이 세상에 모든 것 우주에 떠 있는 별, 빛, 질량, 공간 등 모든 것이 실재하기 위해서는 인간 신경계를 지닌 인간 관찰자가 필요[8]하다고 말합니다. 그러면서 우리를 에워싸고 있는 세상의 온갖 활동은 우리가 세상과 어떤 관계를 맺느냐에 달려 있다고 말하죠. 이들에 따르면 인도 출신의 위대한 시인인 타고르가 성찰한 '인간적 우주'가 우리가 경험하는 우주입니다. 여러분은 어떻게 생각하시나요? 물론 현재 정상 과학으로 받아들이기 어려운 부분이 있습니다. 그러나 아인슈타인마저 이 논의를 위해 타고르를 만나 깊은 대화를 나누었다고 합니다. 그의 상대성 이론이 이들이 이야기하는 관찰자에 의식과 연결된 우주와 일맥상통하는 부분이 있었기에 말입니다. 양자 물리학자인 프레드 앨런 울프(Fred Alan Wolf, 1934~)는 이런 초프리와 카파토스의 생각을 두고 "당신으로부터 모든 것이 시작되는 우주" "'Univers'가 아닌 'Youniverse'"[9]라고 평했습니다. '너의 우주'라니 참으로 멋진 표현입니다. 쇼펜하우어가 세상을 의식의 표상으로 본 것 칸트가 뇌의 해석으로 본 것과도 연결되는 지점입니다.

동양 철학에서도 이와 유사한 사유를 발견할 수 있습니다. 중국 명나라 중기의 유학자인 왕양명은 심외무물(心外無物)이라는 말을 했는데요. "마음밖에는 사물이 존재하지 않는다"라는 뜻입니다. 왕양명은 어느 날 제자에게 이런 질문을 받습니다.

"선생님께서는 평소 '마음 밖에는 사물이 존재하지 않는다'라고 하셨는데, 저 진달래꽃은 산중에서 저 홀로 피고 지지 않습니까? 저 꽃이 우리 마음과 무슨 관계가 있습니까?" 이에 대해 왕양명은 답합니다. "자네가 미처 저 꽃을 보기 전에, 꽃과 자네 마음은 각각 일종의 '고요(寂)' 상태에 놓여 있었지. 하지만 자네가 저 꽃을 보는 순간 마음속에서 꽃 빛이 선명해지지 않았는가? 그러니 저 꽃은 자네의 마음 밖에 존재한 게 아니라네."[10]

왕양명의 깨달음은 이렇습니다. 생각해봅시다. 지금 이 글을 보는 이 순간에도 글을 쓰는 내가 아닌 글을 읽는 당신의 인식으로 의미를 갖는 것입니다. 당신이 보지 않는 한 사실 이 글은 없는 것이며 끝없이 무심한 것일 테지요. 당신이 보는 순간 바로 이 글은 의미가 생기며 생명력을 얻는 것입니다. 우리가 있는 우주도 사실 그냥 있는 것이죠. 여기에 아무런 의미는 없습니다. 다만 당신이 우주를 인식할 때 가치를 가질 뿐입니다. 한 폭의 아름다운 그림도 화자 없이는 존재하지 않으며 인식 없이는 그 무엇도 아닌 캔버스 안 형태와 색깔의 조합일 뿐입니다. 이것에 비극과 희극, 창조와 사랑을 투영하는 것은 바로 당신의 마음입니다. 당신의 생명이 우주 온 천지에 생명을 불어넣는 셈이지요. 그렇게 보면 당신이 살아있기에 세상이 살아있는 것입니다. 그러므로 당신이 온 천지 사물보다 앞선 것입니다.

많은 현대의 불교 수행자들과 명상가들이 그래서 자신만의 세상을 창조하고자 수련해 몰입하는 것인지도 모릅니다. 그렇다면 우리 역시 나 자신의 스스로의 세계를 창출해보는 것은 어떨까요? 불안을 이기는 좋은 방법이 될 수 있지 않을까요?.

프랑스 작가 알랭 드 보통(Alain de Botton, 1969~)은 자신의 저서 《불안》을 통해 "무언가에 몰입한 사람은 불안의 감정을 크게 느끼지 못한다"라고 이야기합니다. 수행자들이 자신에게 몰입해 현실을 초월하듯이 일반인들도 어떤 특정한 행위에 몰입함으로써 현실 초월을 내 것으로 만들 수 있다는 것입니다. 그는 또한 종교, 예술, 정치 등 어떠한 주제에 몰입함으로써 불안이라는 감정을 이길 수 있다고 말합니다. 특히 가치 있는 일에 몰입하면 그 효과는 더욱 배가된다고 합니다. 자신만의 취미를 가지는 것은 그러므로 불안을 이기는 좋은 방법이 되겠지요.

몰입은 동물에게서는 찾아볼 수 없는 인간의 특권으로 인간의 '오성'만으로는 형용할 수 없는 쾌감을 감각하는 것입니다. 이것을 감각할 때 인간이 느끼는 불안과 권태는 '순간 해소'됩니다. 미술, 음악, 문학은 그래서 인간에게 필요한 존재 양식입니다. 몰입을 위한 가장 손쉬운 방법은 보고 듣고 느끼는 것이지만, 더 좋은 방법은 직접 해보는 것입니다.

이를테면 글을 써보고, 그림을 그려보고, 음악을 해보는 것입니다. 저는 일상의 불안을 해소하기 위해 글을 쓰고 악기를 연주합니다. 그림은 도저히 능력이 따라주지 않아서 포기했지만, 이마저도 언젠가 꼭 배워볼 생각입니다. 이렇게 취미 한 가지라도 해보는 것이 중요합니다.

일상에서 가장 접하기 쉬운 방법은 음악을 듣는 것입니다. 우리는 음악을 들으면 일순간 평안함을 느끼고 우리 의식은 음률에 머뭅니다. 우울한 기분이 해소되고 위안을 얻습니다. 아메리카 흑인들이 오랫동안 노예 생활의 고단함을 해소하기 위해 불렀던 '소울'도, 우리 조상이 술상 앞에서 뽑았던 '타령'도, 우리 어머니께서 '트로트'를 들으며 눈물 흘리시는 이유도 이와 같습니다. 저는 기타와 피아노를 배워 연주하면서 마음이 고단할 때 잠시 힐링 타임을 가집니다. 그래서 쇼펜하우어는 "누구나 음악을 할 때만큼은 철학자가 된다"고 했나 봅니다.

학습된 무기력 이론으로 유명한 긍정 심리학자 마틴 셀리그만(Martin Seligman, 1942~) 역시 인간이 동물과 다른 이유는 어떤 '가치' 있는 일을 추구한다는 점에 있고, 그 가치에 대한 몰입에서 영속되는 행복을 얻을 수 있다고 말합니다. 그러므로 내일 지구가 망하더라도 사과나무 한 그루를 심겠다는 스피노자(Baruch de Spinoza, 1632~1677)의 의지는 시간을 낭비하는 것이 아닌 나를 살리는 일이 되는 것이지요.

쇼펜하우어의 "세계는 나의 표상이다"라는 말은 세계는 내가 그린 그림이라는 소리입니다. 그렇다면 나는 나의 인생의 화가입니다. 인생을 화가처럼 살아야 합니다. 나라는 캔버스 위에 드로잉을 하고 색감을 넣어봐요. "내 인생의 주인공은 나다"라는 말도 있잖아요? 이 말은 단순히 용기를 주기 위해 생겨난 말이 아닌 가장 객관적 진리에 가까운 말입니다. 유일성의 속성을 가지고 있기 때문입니다. 나의 인식 없이 나의 세상은 돌아가지 않습니다. 내 인생은 오직 나만 살 수 있어요. 영화 속 주인공은 필름이 켜질 때 등장하고 필름이 꺼질 때 퇴장합니다. 나의 인생이란 영화도 내가 태어남과 동시에 시작되고 나의 죽음과 동시에 끝나잖아요? 분명한 것은 내가 사라지면 내가 보고 느끼던 나의 세상도 동시에 사라진다는 점입니다. 주인공이 아니라면 이것은 불가능하겠지요. 근대 수학자이자 철학자인 라이프니츠(Gottfried Wilhelm Leibniz, 1646~1716)는 이 세계는 "가능한 세계 중의 최선의 세계"라는 말을 했습니다. 어떻게 이 세계가 최선의 세계가 될 수 있을까요? 이 세계에는 악당도 너무 많고 나쁜 일도 너무 많이 일어나는데요? 내 인생에도 온갖 시련과 예기치 않은 불행이 찾아오잖아요? 최선의 세계라고요? 라이프니츠의 통찰은 일종의 '주인공 관점'입니다. 빛이 존재하려면 어둠이라는 바탕이 있어야 한다는 의미이고 선이 존재하려면 악이 존재해야 한다는 것이죠. 즉 빛과 선이 드러나기 위해서는 반대 극과 비교되고 구별됨이 필요하다는 이야기입니다. 빛과 선을 주인공 관점에 두는 것입니다. 한 편의 영화도 마찬가지 아닐까요? 히어로는 악당을 물리치기에 히어로입니다. 이겨내야 할 시련이 있기에 주인공이 주인공일 수 있는 것이죠. 우리의 인생을 나 자신이 펼치는 하나의 드라마로 본다면 어쩌면 우리 앞에 펼쳐지는 많은 어려움이 우리를 주인공으로 만들어주는 효과 장치일 수 있습니다.

그러나 아쉽게도 많은 사람이 조연처럼 삶을 살아갑니다. 어느 이들은 자신을 엑스트라처럼 취급하기도 해요. 이러면 인생이란 극 한 편이 대단히 재미없어집니다. 주인공이 앵글 뒤에 맨날 숨어 있어서야 되겠습니까? 주인공은 주인공답게 살아야 합니다. 주인공의 특성은 자신만의 목표가 있다는 것이에요. 크든 작든 목표를 통해 극에 활력을 불어넣습니다. 그리고 무엇보다 시련은 필수 소재이기도 하지요. 주인공이기에 시련은 당연히 오는 것입니다. 시련 없는 극은 있을 수 없어요. 그것을 극복하는 과정이 드라마입니다. 서사 없이 극은 완성되지 않으니까요.

그러니 오늘 인생도 책 한 줄을 쓴다는 생각으로 살아가는 것은 어떨까요?. 재미있는 시나리오를 쓰고 그 시나리오에 맞춰 살아가 보는 것입니다. 명작이 될지 망작이 될지는 이미 시나리오선 에서 사실 결정이 나요. 지금까지 별 재미없었어도 상관없습니다. 후반부 반전을 만들면 그만이잖아요? 그러므로 당신이 좋은 계획을 세웠다면 이미 절반은 성공한 것입니다. 인생이란 영화가 재미있는 것은 주인공도 나지만 작가도 나라는 점이에요. 그리고 극은 아직 완성되지 않았습니다. 결국 당신이 쓰는 대로 살아질 것입니다.

Dr. 필로소피_첫 번째 솔루션

세계는 나의 표상이다.

_아르투어 쇼펜하우어

쾌락의 블랙홀에서 탈출하는 법

아인슈타인은 시간에 대해 이렇게 말합니다. "저는 과거와 미래는 정말이지 환영이지, 이 둘은 존재하는 것이자 존재하는 모든 것인 현재에 존재한다는 것을 깨달았습니다."[11] 놀랍게도 아인슈타인이 태어나기 오래전 기원전 600년경 사람인 동양 철학자 노자도 같은 깨달음을 얻었습니다. 노자는 산다는 것이란 현재 이 시간에 있는 '나'를 사는 것으로, 과거의 나는 지나갔기에 없는 나이며, 미래의 나는 아직 오지 않았기에 역시 없는 나라고 말합니다. 없는 나를 상상하며 불안해하거나 두려워할 필요가 없다는 이야기지요. 아인슈타인과 노자의 말 모두를 참고한다면 오직 '현재의 나'에 집중하며 사는 것이 중요합니다. 어차피 우리는 과거를 바꿀 수 없고, 미래 또한 정확히 예측할 수도 없습니다. 그런데도 굳이 우리가 바꿀 수 없는 과거와 우리가 알 수 없는 미래를 상상하며 불안해하는 것은 우리의 에너지를 낭비하는 행위일 수 있습니다. 불안한 상상이 우리를 더욱 불안하게 만들 뿐이죠.

제가 자주 타는 출퇴근 광역버스에서 종종 뵙는 기사님이 한 분 있어요. 그런데 이분은 늘 화가 차 있습니다. 차선을 잘 지키지 않는 사람을 보면 나가서 싸우고, 앞차가 조금이라도 느리게 가거나 멈추어 서면 경적을 울려대고, 상대방이 뭐라 하면 또 나가서 싸우고, 다른 차가 경적을 울렸다고 또 나가서 싸웁니다. 운전하는 시간보다 싸우는 시간이 더 많아 보일 정도입니다. 늘 얼굴이 붉게 달아올라 있는 모습이 꼭 싸우기 위해 운전하시는 것 같을 정도입니다. 그런데 잠깐 생각해볼 문제가 하나 있어요. 세계적인 작가이자 칼럼리스트인 에릭 와이너(Eric Weiner, 1963~)는 차가 꽉 막히면 우리는 "차가 왜 이렇게 막히나?" 불평해대지만 나 또한 차에 타고 있다는 사실, 문제의 일부라는 사실을 종종 무시한다[12]고 지적해요. 맞는 말이죠? 만일 나에게만 유독 모든 것이 삐뚤게 보인다면 그것은 내 마음이 삐뚤어졌기 때문일 수 있습니다. 왜냐하면 우리 앞에 펼쳐진 현상과 세계는 그저 흘러가는 것이기 때문이에요. 그리고 그 속성은 규칙과 불규칙성이 혼재되어 있는데 전체적인 순환 구조가 균일하고 질서 있다면 큰 문제가 없는 것입니다.

그러니, 아주 작은 문제까지도 매번 눈에 걸리고 괴롭다면 그것은 세상에 장애물이 있어서 그런 게 아니라 내 안에 장애물이 있기 때문일 겁니다. 그 장애물의 정체를 파악하고 없앨 때까지는 어쩌면 나에게 펼쳐진 세상은 늘 지옥일지도 모릅니다.

현명한 사람은 순간에 붙잡히지 않습니다. 우리가 경험하는 세상은 우리의 정신이 재해석한 세상일 뿐입니다. 나를 화나게 하는 일들은 많은 부분 우연히 발생하는 것이지 우리를 일부러 괴롭히기 위해 발생하는 것이 아닙니다. 때로는 그냥 지나칠 줄도 알아야 합니다. 덤덤하게, 여유롭게, 그렇게 살아가도 됩니다. 작은 돌멩이 하나가 발치에 걸린다고 해서 그곳에 서서 이 돌멩이를 어떻게 처리할까, 하며 오랜 시간을 보내는 건 어리석은 일입니다. 길을 걷다 보면 모난 돌멩이만 있는 게 아니에요. 풀도 있고 나무도 있고 때로 꽃도 있습니다. 그러니 돌멩이의 존재 따위 잠시 접어둔 채 내게 아름다움을 일깨워주는 꽃으로 시선을 돌려보면 어떨까요?

모든 것은 흘러가게 마련입니다. 고대 그리스의 철학자 헤라클레이토스(Heraclitus, BC.540~470)는 "같은 강물에 두 번 들어갈 수 없다"는 유명한 말로 세상 만물이 끊임없이 변한다는 것을 강조했는데요. 이 같은 배경에서 그는 "오직 한가지 진리는 만물이 '변화'하는 것"이라고 말했습니다. 그러니 우리가 살아가는 동안 순간에 붙잡힐 필요가 없는 거죠. 영광, 권세, 지위… 이런 것들은 순간이며 하나같이 쟁취한 순간부터 곧장 과거로 미끄러져 내려갑니다. 그러므로 우리에게 정작 필요한 것은 변화를 받아들이는 마음입니다. 변화를 받아들이지 못하면 우리의 마음은 불안에 지배당하게 됩니다. 변화란 곧 흐름인데 모든 욕심과 욕망은 그 어떤 것을 지금 이 순간에 영원히 붙잡아두려는 데서 생겨나기 때문입니다. 흘러가지 않는 건 결국 썩게 마련이고, 그러므로 세상의 모든 부패는 영원하고자 하는 욕망 때문에 발생합니다. 참 아이러 니하죠? 영원하고 싶어서 순간을 잡아두려 했으나 그 잡아둠 때문에 흐르지 못한 채 덫에 갇히게 되니까요. 그런데 썩고 부패한 물로는 그 누구의 목도 축일 수 없습니다. 흘러가는 대로 살아야 하고, 흘러가는 순간에 붙잡히지 말아야 합니다. 그렇게 하면 우리의 삶을 늘 신선하게 유지할 수 있습니다.

우선 유통기한 지난 욕망부터 과감히 버려보세요. 물이 흘러간 자리에는 언제나 새로운 꽃이 피어나게 마련입니다. 그래서 헤라클레이토스는 찰랑거리는 물가에 발을 담그고 서서 세상의 유일한 실제는 '변화'라고 말한 것 아닐까요? 그렇습니다. 변하지 않는 것은 오직 죽어있는 것들뿐입니다. 살아있는 모든 것은 변하고 움직입니다. 그것은 생의 강력한 에너지이자 동력입니다. 그러므로 현재 삶이 구차하고 비루해 보일지라도 결코 실망할 필요가 없습니다. 어떤 삶이든 변하게 마련이고, 이미 변하고 있기 때문입니다. 결국 중요한 것은 방향성입니다. 흐르는 물에 종이배를 띄우듯 새로운 방향을 마음에 띄우는 것만으로 충분합니다. 거기서 힘을 빼고 바람을 타면 삶의 물결은 어느새 우리를 새로운 곳으로 데려갈 것입니다. 변화의 또 다른 이름은 가능성이기 때문입니다.

그러기 위해서 우리는 세상이 만들어내는 온갖 잡음을 스스로 끌 수 있도록 훈련해야 합니다. 그 많은 경적을 때로 무시하고 때로는 차단할 수 있어야 합니다. 혼자만의 시간을 갖는 일은 이때 매우 중요합니다. 우리의 무의식은 24시간 우리에게 신호를 보내고 있는데요. 주변 소음이 너무 커지면 그 소리가 잘 들리지 않습니다. 내 잠재의식이 노래를 부르고 있는데, 주변의 소리를 전달해주는 스피커의 볼륨이 너무 크다면 노랫소리는 속절없이 묻혀버릴 겁니다. 나의 내면에서 올라오는 소리를 들으려면 어떻게 해야 하나요? 스스로 사색해야 합니다. 타자의 소리에 거리를 두고 홀로 있는 시간을 지니는 가운데 내면의 소리에 귀를 기울여봐야 합니다. 사실 현대인의 불안은 나를 둘러싼 세상에서 발생시키는 너무나 많은 목소리 때문에 스멀스멀 피어오릅니다. 욕망으로 가득한 세상이 내놓는 기준에 맞추고자 우리는 곧잘 영혼을 잃은 삶을 택하곤 하는데요. 그 욕망이 끝난 지점에서 만나는 것은 공허함과 불안뿐입니다.

우리는 너무나 다양하고 강력한 목소리에 지배당하고 있습니다. 그 목소리는 내면의 소리를 가리고, 외피에 집중하라고 속삭입니다. 너만 혼자 이 길을 가는 거야, 라며 나를 다그칩니다. 그러나 스스로 고독할 줄 아는 자는 역설적이게도 더는 외롭지 않습니다. 자기 자신과 사귀는 법을 배웠기 때문입니다. 그렇게 자신의 목소리를 들을 수 있는 사람은 비로소 타자의 목소리도 들을 수 있게 됩니다. 그래서 쇼펜하우어는 고독도 능력이라고 말했습니다.

저는 매일 하루에 한 시간씩 정신분석학 강의를 청취하고 있습니다. 들으면 들을수록 흥미가 더해지는 분야인데요. 이 강의를 들으면서 저는 다시 한번 '나는 주체적으로 살고 있다'고 믿어온 것이 착각이라는 사실을 깨달았습니다.

우리는 타자의 세계에서 자아를 놓치고 살아갑니다. 정신없이 생존을 위한 삶, 쇼펜하우어의 표현대로 '맹목적 의지'에 이끌리는 삶, 리처드 도킨스(Clinton Richard Dawkins, 1941~)의 표현대로 '이기적 유전자'에 지배받는 삶입니다. 그래서 예전 인디언들은 말을 타고 빠르게 달리다가도 중간중간 뒤를 돌아보았다고 합니다. 영혼이 따라오지 못할까 봐요.

왜 하는지 질문하지 않는 삶, 바로 이런 삶 가운데 불안이 찾아옵니다. 현대인 누구나 겪는 신경증, 편집증은 바로 길 잃은 자아에 찾아오는 불청객입니다. 그런 의미에서 정신분석학을 공부하는 게 저에겐 참으로 유용했습니다. 나 자신을 객관적으로 들여다보는 눈이 생겼거든요. 인간이 특별한 것은 자아 성찰이 가능한 유일한 존재이기 때문입니다. 저는 자아 성찰이야말로 진정한 '메타 인지'라고 생각합니다. 자아 성찰은 우리에게 객관적인 시야를 가져다줍니다.

실화를 바탕으로 만든 영화 〈뷰티풀 마인드〉에는 천재 수학자 존 내시(John Nash, 1928~2015)가 나옵니다. 게임 이론으로 경제학에 지대한 공헌을 했죠. 그는 노벨 경제학상을 수상한 당대 최고 천재였지만, 불행하게도 평생 조현병을 앓습니다. 한동안 자신이 감시당하고 있다는 과대망상증에도 시달려요. 그렇게 불안과 우울에 지배받던 그는 결국 스스로의 '이성의 힘'으로 그것을 극복합니다. 존 내시는 자신의 정신적인 문제를 인정하고 주변에 도움을 요청합니다. 그가 선택한 방법은 자신에게 보이고 들리는 환각과 환청들을 객관적으로 판단해보는 것이었어요. 그의 질문은 "저것은 진짜인가?"입니다.

환각을 볼 때마다 그는 주변에 묻습니다. "내 눈앞에 보이는 저것이 당신도 보이는가?" 하고 말입니다. 만일 "그렇지 않다"라는 대답을 들으면 그는 주저 없이 대상을 무시합니다. 존 내시처럼 극단적인 경우가 아니겠지만 우리 역시 비슷합니다. 수많은 허상에 사로잡혀 우리 자신을 놓칠 때가 얼마나 많습니까? 그러므로 우리에게도 그의 질문은 유효합니다.

"저것은 진짜인가?"

네잎클로버의 꽃말은 '행운'입니다. 세잎클로버의 꽃말은 '행복'을 뜻합니다. 천지에 널린 게 세 잎 클로버인데 사람들은 네 잎 클로버만 열심히 찾고 있습니다. 행운을 좇느라 주변에 가득한 행복을 전혀 보지 못하는 것입니다. 어쩌면 우리는 대단히 행복한 상태일지도 모릅니다. 쇼펜하우어는 인간의 삶을 "욕망과 권태의 이중주"라고 말합니다. 항상 우리는 무엇인가를 욕망하는 상태에 있고, 그것이 채워지면 바로 또 권태에 빠집니다. 그런 권태는 곧 또 다른 욕망을 갈망하게 만듭니다.

쾌락에 대한 중독은 이처럼 권태로운 삶에서 탈출하려는 동기에서 시작됩니다. 그러나 철학자들은 한결같이 그런 것들로는 우리가 참 행복을 얻을 수 없다고 이야기합니다.

마음이 불안하면 미래를 사는 것이고,

우울하면 과거에 사는 것이고,

마음이 평안하면 바로 지금을 사는 것이다.

_노자

나만 빼고 다 행복한가 봐

고대 철학자 에피쿠로스(Epicurean, BC. 341~271)는 그래서 작은 기쁨에도 만족하는 공동체를 세우려 했습니다. 그의 철학은 쾌락주의로 많이 알려져 있는데요. 여기서 말하는 쾌락이란 우리가 생각하는 술, 섹스, 권력 같은 것이 아니라 "동요가 없는 영혼의 평온 상태"를 뜻합니다. 이것을 그리스어로 아타락시아(ataraxia)라고 해요. 저는 이것을 중독 상태에 빠지지 않은 쾌락이라 정의하고 싶습니다.

인간의 쾌락엔 중독성이 있습니다. '딱 한 번만'이란 것은 쾌락에 통하지 않습니다. 쾌락은 본질적으로 반복을 추구하니까요. 늘 남용하게 되고 끊임없이 갈망하게 됩니다. 그러나 그것은 채워지지 않는 허탈감을 남길 뿐입니다.

에피쿠로스는 딱 필요한 만큼만 취할 때 인간이 최대의 만족을 느낄 수 있다고 말합니다. 그의 쾌락은 최소한의 욕망과 함께하는데요. 그가 하루에 딱 치즈 한 조각만을 먹었던 이유도 그 때문입니다.

그래서 행복에 대한 가장 현실적인 솔루션은 오히려 '절제'일 수 있습니다. 우리가 사실 행복이라 착각하는 상당수도 행복과는 상관없는 자극이고 쾌락입니다. 자극은 항상 더 큰 자극을 추구한다는 점에서 중독이죠. 이는 행복의 기본요소인 안정감과는 상관없는 것입니다.

무엇보다 구멍 난 항아리처럼 절대 채워지지 않습니다. 그런 점에서 중독 상태는 행복에 대한 착시일 수 있습니다. 절제는 이런 중독 상태를 벗어나게 해줍니다. 자신의 오감을 세밀하게 열어줘 작은 것도 미세하게 감각하는 능력을 줍니다. 이로 인해 평소 보이지 않았던 것이 보이게 되고 평소에 알 수 없었던 것을 알게 됩니다. 독일의 가장 인기 있는 철학 토크쇼 진행자이자 가장 힙한 철학자로 불리는 리하르트 프레이트는 역사상 검증된 행복의 유일한 방법은 '소박한 삶'이라 말했습니다.

소박한 삶이란 무엇입니까? 소박하다는 말이 작다는 것을 의미하기에 우리의 삶이 작아지는 것이라 생각할 수 있습니다. 그러나 그렇지 않습니다. 오히려 소박한 삶이란 나 자신이 커지는 것을 의미합니다. 나의 삶에서 자신의 주변의 크기를 줄이고 나 자신을 더욱 크게 하는 것입니다. 삶의 크기가 줄어드는 것이 아니다. 나의 감각 능력이 극대화된 상태를 의미하는 것이지요. 즉 다른 보조제에 의지하지 않아도 자기 존재만으로 행복을 선험 하는 상태인 것입니다. 에피쿠로스가 하루에 치즈 한 조각만을 먹은 이유도 이와 같습니다. 행복을 양이 아닌 질로 본 것이지요. 그는 추종자가 많았고 인기도 많았으니 치즈 살 돈이 없어서 그리한 것은 아닐 겁니다. 치즈를 많이 먹는다고 늘 맛있는 치즈 맛이 지속되지 않습니다. 인간의 효능감은 너무 넘치면 오히려 감소하기 때문입니다. 에피쿠로스도 금방 질려 치즈를 먹는 행복이 오히려 줄어들 것을 알았던 것입니다. 넘치는 만큼 오히려 행복이 감소하는 역설을 깨달은 것입니다. 현대 심리학에서 이야기하는 '한계효용의 법칙'인 것입니다. 행복의 총량은 양과는 상관없는 것입니다.

에피쿠로스는 죽음에 대해서도 이렇게 이야기합니다. "죽음은 우리와 아무 상관이 없는 것이다. 왜냐하면 우리가 존재하는 한 죽음은 아직 오지 않은 것이며, 죽음이 왔을 때는 우리가 존재하지 않기 때문이다." 즉, 죽음 자체는 두려워할 필요가 없다는 뜻입니다. 종교를 가지고 있는 분들은 그 믿음 안에서 죽음이란 오히려 축복일 것이고, 종교가 없는 분들은 에피쿠로스 말대로 죽음을 의식하지 못하기에 고통도 존재하지 않을 테니 우리에게 죽음은 두려워하거나 공포를 느낄 그 무엇이 아닙니다.

에피쿠로스의 말이 아니더라도 사실 죽음과 삶은 서로를 의식할 수 없습니다. 삶이 끝나는 자리에 죽음이 있고, 죽음은 삶을 맞이할 수 없습니다. 어쩌면 죽음이란 삶의 꺼짐일 뿐이지 독자적인 개념이 아닐 수 있습니다. 독자적 개념은 오직 삶 하나뿐입니다. 그러므로 존재의 반대말은 죽음이 아니라 존재하지 않음인 것입니다.

"무", 즉 존재하지 않는다는 것은 기쁨도, 슬픔도, 애환도, 고통도 그 무엇 하나 '있는 게 없다'는 뜻인 만큼 혼란도 있을 수 없습니다. 실제로 고통과 공포는 살아있음을 전제로 하잖아요? 그러니 죽음이란 어쩌면 완벽한 축복일 수 있습니다.

곰곰이 생각해보면 우리가 죽음을 두려워하는 이유는 상실감 때문인 것 같습니다. 사랑하는 가족과 헤어지고, 친구와 이별하고, 가지고 있는 많은 것들을 포기해야 하기 때문입니다. 관계를 맺은 것이 많은 한, 소유한 것이 많은 한, 죽음은 두렵습니다. 그래서 스피노자도 "자유로운 인간은 죽음을 두려워하지 않는다"[13]고 말한 것 아닐까요?

우리가 사람들에게 최선을 다하고 후회가 남지 않도록 사는 이유도, 지나친 소유를 지양하고 욕심을 절제해야 하는 이유도, 결국 잘 죽기 위해서일 것입니다. 하지만 우리의 존재는 사람들의 기억을 통해 죽음 이후에도 그 자리에 남을 것입니다. 그것이 삶의 본질입니다.

법륜 스님은 "욕망은 장작불과 같다"라고 말씀하십니다. 얹으면 얹을수록 더욱 활활 타오른다는 의미죠. 자본과 욕망에 대해 깊이 연구했던 미국의 경제학자 헨리 조지(Henry George, 1839~1897)도 "인간은 욕망을 충족할수록 더 큰 욕망을 추구하는 유일한 동물"이라고 평했습니다. 이미 충분히 따뜻한데도 우리는 계속 욕망을 갈망합니다. 결국 그 욕망의 불길이 활활 타올라 내 옷을 모두 태우고 난 뒤에야 우리는 뭔가 잘못됐음을 알게 됩니다. 또한 법륜 스님은 "건강한 상태란 아프지 않은 상태이고 행복한 상태란 괴롭지 않은 상태"라고 말합니다.

우리 마음에는 항상성이 존재합니다. 그런데도 우리 인간은 자극이 없는 평온한 상태를 올곧이 인지하지 않고, 너무나 쉽게 우울해하고, 불행하다고 토로합니다. 익숙하고 지루한 것을 그렇게 표현하는 것이지요. 행복은 특별한 것이 아닙니다. 그런 의미에서 고통의 무게를 상대적으로 인식해보는 연습을 해보면 어떨까요? 에피쿠로스 역시 쾌락의 무서운 이중성을 간파하고 있었기에 "동요가 없는 영혼의 평온 상태"를 쾌락이라고 말한 것 아닐까요?

만일 진정으로 행복해지고 싶다면, 우리는 비추어지는 외면보다 감추어진 내면에 집중해야 할 것입니다. 나의 외피를 구성하는 미모, 부, 명예, 지위 같은 것들은 잠시 만족을 줄지도 모르지만, 시간이 지나면 지날수록, 즉 그것들에 익숙해질수록 권태롭거나 별거 아니라고 여기게 됩니다. 인간은 얻는 것보다 잃는 것에 더 민감합니다. 같은 질과 양이라도 가진 것을 상실하면 더욱 괴롭습니다. 즉 백만 원을 얻을 때 기쁨보다, 백만 원을 잃을 때 상실감이 더욱 크다는 것입니다. 이것을 심리학에서는 '손실 회피'라고 말합니다.

그러나 이것은 내게 주어진 상황이 변하면 있다가도 없고 없다가도 있는 것들입니다. 그럴 때마다 흔들리고 괴롭다면 이것이 어느새 우리 마음을 갉아먹고 있는 것입니다. 지키려는 욕심은 욕망이 되고 욕망은 탐욕이 되어 정도를 벗어나는 일을 스스럼 없이 하게 됩니다. 다 쓰고 죽지도 못하는 부를 축적하기 위해 사람을 속이고 한 줌의 권력과 지위를 지키기 위해 남을 괴롭히는 그런 사람도 있잖아요? 마음이 지옥으로 빠져버리는 것입니다.

반면 주어진 현실이 아닌 내면의 충만함이 있는 사람은 이 모든 것을 극복하고 삶의 진짜 승리자가 됩니다. 나를 지켜주는 것은 오늘 나에게 주어진 삶이 크든 작든 성실히 임하면서 스스로 만족감을 얻고, 좋은 지식과 교훈을 내 안에 차곡차곡 쌓음으로써 텅 빈 마음을 채워가는 일입니다. 주변 사람들을 진정 어린 마음으로 대해 따뜻한 감정이 나를 둘러싸도록 하면서 일상의 소소한 기쁨을 즐기면 되는 것입니다.

많은 사람이 자신에게 주어진 행복을 보지 못하고 늘 자신에게 없는 것만 갈망하며 괴로워합니다. 이것은 인간 실존의 큰 질병입니다. 집착을 조금씩 청소하고 내면의 평화를 얻는 훈련을 지속하다 보면 어느새 우리는 상황에 흔들리지 않는 단단한 나를 얻을 수 있습니다. 또한 그것은 내가 죽는 순간까지 이어질 행복 호르몬을 지속적으로 생성하게 되며 높은 자존감의 원천이 됩니다.

그렇기에 가끔 우리는 자신을 관찰자 시점에서 들여다봐야 합니다. 내가 내 자아를 떠나 나를 들여다봐야 합니다. 이것을 선객관화라고 하는데요. 즐거움, 행복, 분노, 우울 마음속에 일어나는 온갖 감정들에 사로잡히지 않고 한발 물러서서 볼 수 있는 시야를 갖게 해주죠. 에릭 와이너의 말대로 거울에 너무 가까이 있으면 오히려 우리 모습을 자세히 볼 수 없습니다. 한 발 뒤로 물러서야 전체를 한눈에 볼 수 있는 법입니다.

자아는 주관의 세계에서 늘 편협할 수 있습니다. 관찰자 시점은 그런 편협함을 벗어나게 해주는 힌트를 줍니다. 나는 언제나 '나'라는 감옥에 갇혀 있으니까요.

인생에서 고민이 많아지는 순간이 오면 최대한 단순하게 생각해보세요. 영국 출신의 가톨릭 수사이자 스콜라 철학자인 윌리엄 오컴(William Ockham, 1287~1347)은 복잡한 가정이 많을수록 틀린 이론일 가능성이 크고, 불필요한 가정이 없고 수식이 단순할수록 진리에 가깝다고 말합니다. 이것이 그 유명한 오컴의 면도날 이론이에요. 인생에도 이런 사고방식을 적용할 필요가 있겠지요? 무엇인가를 하기 위해 지나치게 복잡하고 까다롭게 가정한다면 결국 아무것도 하지 못하게 됩니다. 세상이 만들어내는 온갖 시끄러운 소리들을 끄고 나면 인생이 훨씬 단순하고 명료해집니다.

Dr. 필로소피_세 번째 솔루션

불행한 사람이란 자신의 삶의 내용과 존재의
본질을 자신의 바깥에 가진 사람이다.
_쇠렌 키르케고르

욕망이라는 이름의 소비

철학자이자 정신분석학자인 자크 라캉(Jacques Lacan, 1901~1981)은 "우리는 타인의 욕망을 욕망한다"라는 유명한 말을 남겼습니다. 욕망을 욕망한다는 게 무슨 의미일까요?

우리는 대개 멋지고 윤택하고 근사한 삶, 그런 삶을 구성해주는 필요조건들을 갖추고 싶어 합니다. 그런데 곰곰이 생각해보면 화려한 삶, 비싼 집이나 고급스러운 수입차 소유 등등 대부분의 욕망은 사실 내 안에서 생겨난 것이 아닌 타인으로부터 전염된 것입니다. 문제는 이런 욕망이 실제로 채워졌을 때 권태와 무료함에 빠진다는 점인데요. 그것이 본래 내 안의 욕구가 아닌 타인의 욕구였기 때문입니다.

유독 남의 시선과 평가에 민감한 사람들이 있습니다. 그들은 자신을 돌아보는 대신 살아가는 내내 그 누군가의 기준을 따르기 위해 애를 씁니다. 비교를 멈추지 않습니다. 중년과 노년의 고통은 바로 여기서 시작됩니다. 왜냐하면 우리는 언젠가 이 모든 것을 내려놔야 하기 때문입니다. 화려했던 젊음도 지나갑니다. 나의 소유물도 나와 함께 모두 늙어갑니다. 결국 혼자 있을 때 우리를 돌봐줄 무엇인가 필요합니다. 그래서 우리가 몸을 돌보듯이 마음도 돌봐야 합니다. 타인의 기준에 맞추느라 오랜 시간 나 자신을 홀로 내버려두면 위험합니다.

저는 마흔이라는 나이를 넘어선 후 언제나 사색하는 시간을 갖습니다. 주제는 언제나 '나 자신'입니다. 내가 진정 욕망하는 건 무엇인가, 그 욕망은 내 것인가 혹은 타인의 것인가, 하면서요. 사색에 집중하게 되면서 불필요한 인간관계를 모두 정리했고, 고통을 유발하는 욕망으로부터 많은 부분 자유로워졌습니다. 그리고 진정 중요한 사실 하나를 깨달았는데요, 바로 나는 나 자신을 행복하게 해주는 요소를 이미 가지고 있었다는 점이었습니다. 내 주변에 세잎클로버가 만개해 있다는 것을 깨달은 셈입니다. 그러므로 여러분께 자신 있게 말씀드립니다.

"이미 당신은 충분히 완벽합니다."

사실 자본주의 사회는 서로에 대한 관심을 과도하게 부추길 수밖에 없습니다. 이유는 간단합니다. 관심은 곧 돈이기 때문입니다. 우리 모두는 생산자이면서 동시에 소비자입니다. 우린 누군가에게 고객이면서 또 누군가에게 판매자입니다. 그렇기에 서로를 먹고살게 하기 위해서 관심은 필수적이죠. 그 결과는 서로의 연결이며, 목적은 사실 재화의 교환입니다.

현대철학자이자 정신분석학자인 에리히 프롬(Erich Pinchas Fromm, 1900~1980) 역시 "근대 자본주의는 원활하게 집단적으로 협력하는 사람들, 더욱 많이 소비하는 사람들, 그 취미가 표준화되고 쉽게 영향받고 예측할 수 있는 사람들을 필요로 한다"[14]고 했습니다. 그것의 결과로 "현대인은 자기 자신과 자연으로부터 소외된다"고 경고했죠. "현대인은 오락 산업에 의해 제공되는 구경거리를 수동적으로 소비함으로써 자신의 의식되지 않은 절망을 극복한다"고 말했습니다.

우리가 유명인들의 사생활에 이렇다 저렇다 관심을 두는 이유는 사실 우리들의 의지 때문이 아닙니다. 누군가에게 나의 의식이 은밀하게 침탈당하고, 나아가 돈벌이에 활용되는 것이지요. 민감한 소비자라면 아마 이미 인지했을지도 모릅니다. 자본주의하에서는 모든 것이 시장의 논리로 흘러갑니다. 즉 누군가의 돈벌이를 위해 대중이 움직이게 됩니다. 별 의미가 없는 정보들이 날마다 쏟아지고, 동시에 자극적인 기사로 클릭수를 높이는 가짜뉴스가 쏟아집니다. 인종, 성별, 세대에 대한 온갖 혐오가 퍼져나가게 만들죠. 그러는 사이 정작 우리가 알아야 할 정보들은 공허한 메아리가 되어 증발합니다.

그래서 저는 욕망을 절제하는 방법 중 하나로 적당한 무관심을 추천합니다. 세상에 대해 무관심하라는 뜻이 아닙니다. 당신의 관심을 누군가의 돈벌이에 지나치게 소비하지 말라는 말입니다. 우리는 보다 현명하게 소비해야 합니다.

2021년 한 플랫폼을 통해 개봉한 영화 〈돈룩업〉은 다소 과장된 어법의 블랙코미디인데요. 흥미, 재미, 화제성만을 극단적으로 추구하는 미디어와 반지성주의가 판을 치는 사회가 만나 어떤 화학 반응을 일으키는지를 흥미로운 풍자로 보여주었습니다. 〈돈룩업〉은 지구에 떨어지는 행성을 막고자 고군분투하는 과학자들과 이를 그저 화제성으로만 소비하고 진실을 외면하는 미디어에 대한 신랄한 풍자를 보여주는 작품인데요. 감독은 그 상황이 현실에서도 얼마든지 일어날 수 있다고 경고합니다. 이 영화를 한마디로 이야기하자면, "시청률은 우리를 구원하지 못한다"입니다.

프랑스 출신의 저명한 학자이자 문학 평론가인 르네 지라르(Rene Girard, 1923~2015)도 자크 라캉과 같은 맥락으로 진술하고 있습니다. "주체는 자신의 고유한 특성 때문에 객체를 욕망하는 것이 아니라 경쟁자가 객체를 욕망하기 때문에 그것을 욕망한다"라고요. 즉 오늘 내가 가지고 싶은 많은 것들이 사실 나의 욕망이 아닌 타인의 욕망이며, 경쟁자의 욕망이 나에게 투사된 것이라는 뜻입니다. 쉽게 이야기하면, "네가 가지고 싶으니 나도 가지고 싶다"는 것이지요. 마케팅이란 결국 이 욕망의 비교심리에 기댑니다. 고급차, 럭셔리한 핸드백, 이름값에 기댄 기타 브랜드들…. 많은 사람이 가지고 싶어 하지만 실제로 소유한다고 해도 거기서 오는 행복감은 그리 오래가지 않습니다. 르네 지라르의 말처럼 그런 욕망은 나의 진짜 욕망이 아니기 때문입니다.

진짜 소비란 나에게 행복감을 주는 소비입니다. 어쩌면 그것은 소박하고 건강한 식사 한 끼, 작은 매장에서 구입한 옷 한 벌, 가난한 나라를 돕는 따뜻한 커피 한 잔이 될 수 있습니다. 돌이켜보면 저 역시 최근에 가장 행복하게 소비한 경우가 어느 국제구호 단체에 정기 기부를 시작한 일이었습니다. 물론 그럼에도 저는 여전히 친구들과 은근한 경쟁자가 되어 그들의 소비수준을 의식합니다. 돌이켜 보면 내가 욕망하지 않는 것들이며 필요 없는 것들임에도 말입니다. 결국 작은 소비란 어쩌면 작은 경쟁심일 수 있다는 생각이 듭니다. 즉 내 눈을 멀게 하는 경쟁자를 지울 때 우리는 진정 행복한 소비를 할 수 있습니다. 그러므로 사실상 모든 것을 소유할 수 있는 것입니다.

Dr. 필로소피_네 번째 솔루션

우리는 타인의 욕망을 욕망한다.

_자크 라캉

당신과 나를 지배하는 기호는 무엇인가

　자신의 삶을 남과 비교하며 끊임없이 불행해하는 사람들이 있습니다. 그런 비교심리는 어디에서 왔을까요? 많은 부분 전파를 통해 우리에게 전달됩니다. 미디어는 끊임없이 어떤 특정한 상황에 있는 특정한 인물들의 이야기만을 들려줍니다. 특히 성공의 공식을 지나치게 일반화합니다. 즉 '성공한 사람=부자=권력자=유명인' 이렇게 한계를 지어버리고 그 외 사람들은 실패한 사람처럼 이야기합니다. 여기서 소외가 발생합니다. 사람들은 이런 식으로 자기도 모르는 사이 미디어가 만든 생각의 감옥에 빠지게 됩니다. 이런 현상을 날카롭게 분석한 사람이 바로 프랑스의 현대 철학자이자 미디어 사회학자인 장 보드리야르(Jean Baudrillard, 1929~2007)입니다.

　그는 "사람들은 결코 사물 자체를 그 사용가치 때문에 소비하지 않는다"[15]고 말합니다. 그는 현대 사회의 소비를 '기호 소비'로 규정합니다. 기호 소비란 나한테 어떤 것이 꼭 필요하지 않음에도 그 사물이 가지고 있는 기호를 소비하기 위해, 아니 소비해야 할 것 같아서, 소비한다는 뜻입니다. 자동차의 경우를 생각해봅시다. 우리는 먼 거리를 이동하는 데 좀 더 편리한 도구로서 자동차를 구매합니다. 내가 마음대로 탈 수 있는 자동차가 있으면 일일이 기차나 버스 시간표를 확인하지 않아도 되고, 조금 늦잠을 자도 큰 문제가 없습니다. 이런 필요를 채우는 데엔 굳이 수억대의 수입 자동차가 사실 필요하지는 않습니다. 이동하는 데에는 적당한 가격대의 경차나 중형차 한 대만 있어도 충분하죠. 그런데도 비싼 수입차를 선호하는 사람들이 있죠. 또 우리나라 사람들은 평균적으로 자신의 수입에 비해 높은 등급의 자동차를 구매한다고 합니다. 왜 그럴까요? 바로 고가의 자동차나 수입 자동차를 사용할 때 특정한 기호(sign)가 생기기 때문입니다. 사회적으로나 경제적으로 통용되는 '나 이런 사람이야' 하는 기호, 즉 누구나 수긍할 만한 지위죠. 그 기호를 얻기 위해 사람들은 필요 없는 물건이나 고가의 제품을 구매하고 매월 급여가 로그인했다가 순삭되는 아찔한 경험을 안고 살아가기도 합니다.

현대의 대량 생산 경제는 바로 이런 기호에 따라 움직입니다. TV를 틀면 우리는 수많은 기호를 만나게 됩니다. 광고, PPL 등 방송 프로그램은 자본주의의 전파자답게 본 방송과 굳이 엮지 않아도 되는 제품들을 끼워 넣어 홍보합니다. 특정한 기호를 전파에 담아 "어때, 이래도 안 사고 배길 테냐?" 하고 신호를 보냅니다.

우리가 종종 필요 없는 소비를 하게 되는 이유입니다.

만일 인간이 필요한 물건만 한정적으로 소비했다면 현재처럼 급격한 지구온난화와 심각한 기후 위기 때문에 고민하지 않았을지도 모릅니다. 그런 점에서 지구의 온도는 인간의 욕망과 비례한다고 볼 수 있지 않을까요? 옛날엔 어땠을까요? 물론 과거에도 이러한 특정한 기호는 존재했고, 어느 시대나 기호 소비는 있었습니다. 다만 지금보다 정도가 덜했을 뿐입니다.

현대 사회는 산업 혁명 이후 쏟아지는 생산력과 이를 뒷받침할 경제 소비가 필요했습니다. 인간의 기호 심리를 더 깊이 건드려야 할 이유가 된 것입니다. 현대 사회가 지난 세기에 비해 다소 광적으로 만들어낸 신화가 하나 있습니다. 바로 '부'에 대한 신화입니다. 부를 신성시하는 것만으로는 성에 차지 않는지 이제는 부자를 영웅시합니다. 책이며 미디어며 모두가 '부자 되기'에 혈안이 되어 있습니다. 여러분, 부자는 영웅입니까? 부자는 위인입니까? 물론 개중에는 훌륭한 부자, 착한 부자, 좋은 일을 하는 부자도 있겠지요. 그러나 본질상 부자는 그냥 부자일 뿐입니다. 그런데도 오늘날 미디어는 부자들을 영웅시하는 서사를 만들어내느라 바쁩니다. 현실에는 없는 정의로운 재벌 2세가 백마 탄 왕자님이 되어 세상을 구하고 사랑을 얻습니다.

"이런 흔한 신데렐라 스토리 따위를 나는 믿지 않아"라고 말하는 분들도 있을 것입니다. 문제는 그러한 특정한 기호가 우리의 무의식을 지배한다는 사실입니다.

여기에 반해 가난은 죄악시됩니다. 표면상으로는 노골적으로 드러내지 않을 뿐입니다. 우리 사회가 가난한 사람이나 소수의 약자들을 어떻게 표현하고 어떻게 대하는지 그 발화와 태도를 한번 떠올려보세요.

기호 사회에서 가난을 대하는 인식은 실패자이자 부끄러움의 대상입니다. 지저분함, 처절함, 우울함 등등 행복과는 거리가 먼 듯 보이는 기호들로 왜곡되어 있습니다. 그리고 흔히 "저렇게 되면 안 되는" 어떤 존재로 평가 절하합니다. 이것이 과연 정의로운 인식의 발로일까요? 그렇지 않습니다. 이것은 자본주의적 욕망을 극대화하여 부에 대한 환상으로 소비자들을 유도하기 위한 제스처일 뿐입니다.

세상에는 가난하지만 즐겁고, 소박하고, 유쾌하게 살아가는 이들도 많습니다. 그러니, 미디어에서 의도적으로 만들어내는 기호에 속지 말아야 합니다. 가난 역시 만들어낸 기호에 영향을 받는 개념일 뿐이니까요. 만약 부가 행복의 유일한 지표라면, 가난하지만 행복 지수가 높은 나라들이 설명되지 않습니다.

흔히 절대다수가 가난했던 서양의 중세를 암흑기라고 하면서 당시 사람들은 매우 불행했을 거라고 생각합니다. 그러나 다른 연구 결과도 있습니다. 서양 중세인들이 오히려 현대인들보다 더 행복하게 살았을 거라는 분석이죠. 중세 기독교 문화는 가난을 죄악시하지 않았기 때문입니다. 오히려 '청빈'으로 칭송했습니다. 어떻게 이런 사고가 가능했을까요? 그들의 기호가 현대인의 기호와 달랐기 때문입니다. 일부 귀족들을 제외한 대부분의 사람이 가난했고, 육체적으로 고된 노동에 시달렸지만 심리적 장애는 그다지 심각하지 않았습니다.

독일의 사회학자 막스 베버(Max Weber, 1864~1920)는《프로테스탄티즘 윤리와 자본주의 정신》에서 이 부분을 역사적 맥락으로 설명합니다. 문화가 이런 식으로 바뀌게 된 배경에는 신교도의 등장과 부를 근면과 성실의 열매로 칭송하며 풍성한 은혜로, 가난을 게으름과 불성실의 결과로 치부하여 죄악시하는 분위기가 있습니다. 이 같은 사회 풍조가 서구자본주의에 접목되면서 오늘날 현대인의 주류 관념으로 자리잡게 된 것이라고요.

인간에게 행복을 주는 가장 중요한 요소는 이런 기호가 아닌 정서적 안정감입니다. 단순히 돈이 많다고 해서 행복감이 늘어나는 것은 아닙니다. 1960년대 대한민국 사람들은 모두가 가난했지만, 현재를 살아가는 대한민국 사람들보다 더 행복했을 것입니다. 신자유주의가 널리 퍼진 후 우리 사회의 지니계수는 세계 최고 수준으로 벌어졌고 우울증, 자살률, 정신장애 등 사회 병리학적 증상은 더욱 확산되었습니다. 가지지 못한 것에 대한 상대평가는 사회적 박탈감을 초래했고, 점점 벌어지는 빈부격차는 계층을 조장한 데서 나아가 서로가 서로를 혐오하게 만들었습니다. 그뿐인가요? 미디어는 권력과 돈을 쥔 사람들을 성공의 표준처럼 묘사하고, 가난한 서민들을 종종 불량스럽게 묘사하곤 합니다. 앞서 이야기했듯 현실에서는 사실 찾아보기 힘든 정의로운 부자라는 신화까지

만들어내면서요. 이런 잘못된 신화가 퍼진 세상에서 우리 시민의
행복도가 높아질 리 만무합니다. 이런 분위기에서 사회 구성원들
간의 연대와 공동체 의식이 견고해질 리 만무합니다. 부를 지나치
게 칭송할 필요도 없고, 가난을 지나치게 폄훼할 필요도 없는 세
상이야말로 균형 잡히고 건강한 세상이 아닐까요?

Dr. 필로소피_다섯 번째 솔루션

사람들은 결코 사물 자체를
그 사용가치에서 소비하지 않는다.
_장 보드리야르

2장

회복: 존재론
자존감을 높여주는 철학

카스파르 다비트 프리드리히,
〈안개 바다 위의 방랑자〉, 1817년경

2013년 어느 날, 햇볕이 따뜻한 주말 오후, 남자는 버스에 올랐다. 친구들을 만나러 가는 길이다. 1년 전이라면 거절했을 모임이다. 버스 안에서 남자는 이런저런 생각에 빠졌다. 친구들이랑 만나면 무슨 대화를 나눌까? 무엇보다 다행인 것은 더는 불안감에 시달리지 않게 됐다는 점이다. 남자는 친구에게 부정적인 감정을 들키고 싶지 않기 때문이다. 물론 불안감이 아예 사라진 것은 아니다. 여전히 문득문득 불청객처럼 마음의 문을 두드릴 때가 있다. 그러나 남자는 이제 불안감을 정중하게 달래는 법을 배웠다. 더는 문을 닫고 거부하고 눕지 않는다. 오히려 문을 열어주고 대화한다. 처음에는 불안이라는 놈이 무서웠는데 이제 조금은 만만해 보인다. 남자는 버스에서 내려 동창회가 열리는 고깃집으로 향한다.

　　문이 열리자 친구들이 반갑게 맞아준다. 동창회에 안 나올 것 같았던 친구들이 눈에 띈다. 동창회에 반드시 올 것 같던 친구는 보이지 않는다. 남자는 친구들에게 OOO은 왜 안 나왔냐, 라고 묻는다. 친구가 대답한다. "얼마 전에 실직했는데 그 이후론 소식을 몰라" "OOO소식은 알아?"

남자는 또 한 명의 친구에 대해 안부를 묻는다 "잘나가던 사업이…" 더는 묻지 않는다. 친구들은 학창 시절 이야기에 여념이 없다. 시간이 지나자 그간 뭐 하고 살았는지로 주제가 넘어간다. 아이를 낳은 친구는 육아에 대해 이야기한다. 사회적으로 선망 받는 직업에 종사하는 친구는 은근한 자부심을 담아 회사 이야기를 한다.

또 한 친구는 얼마 전 뽑은 자동차 자랑에 시간 가는 줄 모른다. 10년째 헬스를 해온 친구는 곧 보디빌더 대회를 나간다며 자신의 가슴을 남자에게 찔러보라고 한다. 남자는 손사래를 친다. 옆에 앉아 있는 친구는 얼마 전 집을 샀는데, 집값이 내려가 걱정이라며 푸념한다. 아직 결혼하지 않은 친구는 여자 친구를 한 명 소개해달란다.

3시간째 이야기를 듣는다. 남자는 피곤이 몰려온다. 짧은 인사를 나누고 먼저 일어난다. 집으로 돌아오는 집 앞, 남자는 행복과 성공이란 무엇인지에 대해 고민해본다. 돈이 많으면 행복하겠지? 높은 지위에 앉으면 행복하겠지? 아이가 생기면? 나 먹고살기도 힘든데 아이까지? 오만가지 상념에 사로잡혀 돌아오는 길, 남자는 조용히 가방에서 책 한 권을 꺼내든다. 닥터 필로소피에게 물어볼 게 많아서다.

행복이라는 말은 그 본질상 매우 개인적일 수밖에 없습니다. 각자에게 수용되는 행복감, 혹은 행복하다고 이를 만한 어떤 상태가 너무나 다르기 때문입니다. 어떤 이에겐 행복이 곧 여행하는 일일 수 있고, 어떤 이에겐 노래하는 일이며, 어떤 이에겐 운동일 테고, 어떤 이에겐 일 자체일 수 있으며, 어떤 이에겐 좋은 집이나 멋진 자동차 같은 물질일 수 있을 것입니다. 사실 여기에 경중은 없습니다. 모든 것은 나의 표상이며, 행복이란 이때 생겨나는 오성(悟性)적 만족감이기 때문입니다. 독일의 현대 철학자 에리히 프롬의 말대로 "존재할 것이냐, 소유할 것이냐"의 차이만 있을 뿐입니다. 다만 행복이라는 감정은 물질 그 자체에서 오는 것이 아닙니다. 만약 행복이 곧 물질이라면 물질의 풍요를 누리는 부자들은 무조건 행복해야 하지 않을까요? 그런데 꼭 그렇지는 않습니다. 행복은 물질 그 자체가 아니라 내 마음 안에서 발현되는 감정이기 때문입니다. 즉 행복은 개인적 현상이라는 점이 중요합니다.

인간의 실존성은 여기에서 가장 극명하게 드러납니다. '종의 번식과 확장'이라는 생명계 절대 목적이 인간의 행복이라는 감정과 유일하게 대립하기 때문입니다. 어쩌면 이것이 인간 진화의 비밀일지도 모릅니다. 인간을 제외한 다른 생명은 종의 번식이라는 목적만 추구할 뿐 개인적 가치를 추구하지 않으니까요.

빨강머리 앤이 행복을 느끼는 방법

미래 사회 '집단의 논리'는 인간 진화와 함께 상당 부분 해체될 것입니다. 인간의 실존은 각자에게 나침반을 주었고, 그 나침반은 시간이 지날수록 개인의 의미를 극대화하며 서로가 다른 방향을 가리키게 될 것이 분명하기 때문입니다. 프랑스의 현대 철학자 장 폴 사르트르의 말처럼 "인간은 자유롭도록 선고받은 존재"이니까요.

현대 사회의 정신병리학적 현상은 아직 인간 사회가 이런 가치를 온전히 담아내지 못한다는 것을 증명합니다. 특히 집단주의 사회 특유의 획일화가 현대 사회의 정신병리학적 현상을 더욱 강화합니다. 미디어에서는 매일 같이 성공과 행복에 대해 '하나의 기준'만을 강박적으로 제시합니다. 저는 이런 현상을 권력을 향한 맹목적 태도라고 생각합니다. 오직 앞만 보고 달리게 하려고 경주마에게 눈가리개를 해주는 것과 같은 이치입니다.

모두가 같은 곳을 바라보아야 그 피라미드 꼭대기에 앉아 있는 이들의 우월성이 돋보이기 때문은 아닐까요? 그리고 그 우월성은 권력을 만들어냅니다. 이것은 하나의 종교적 도그마를 형성합니다. 소수의 행복을 위해 다수의 관점을 왜곡하는 것이며 도구화하는 것입니다. 대다수 현대인은 어렸을 적부터 이 같은 교육 환경과 미디어 환경에 노출되어 자라납니다. 이로 인해 우리 인식이 나도 모르게 계층화와 획일화를 자연스럽게 받아들이게 됩니다.

그러다 성인이 되어서는 자신의 실존성을 완전히 상실합니다. 나를 행복하게 해주는 것이 아닌 타자의 행복을 열망하며 사회와 미디어가 가르치는 방향으로만 열심히 내달린 결과입니다. 저는 이것을 종족의 사회적 번식 활동이라 생각합니다. 여기서 개인은 희생됩니다.

문제는 그렇게 내달린 뒤 더는 힘이 없을 때 어느 날 문득 하나의 고지서가 날아옵니다. 바로 인생에 대한 질문입니다. 여기에 적절한 대답을 찾지 못하는 이는 정신적 공황 상태에 빠지게 됩니다. 불안과 우울, 혹은 성공 뒤 찾아오는 무력감을 견디지 못해 스스로 생을 마감하는 이들은 대부분 이에 대한 답을 찾지 못했기 때문입니다.

그들 탓이 아닙니다. 그들은 어렸을 때부터 하나의 행복만을 사실상 강요당했기 때문입니다. 다른 길이 있다는 것을 모르기 때문입니다. 현대 사회에서의 행복은 내가 스스로 찾는 것이며, 치열하게 투쟁해서 얻어야 하는 것입니다. 나를 둘러싼 모든 압박에서 자유로워지는 것입니다.

무엇이든지 요청하면 들어주겠다던 알렉산더 대왕 앞에서 "당신이 햇빛이나 가리지 않았으면 좋겠소"라고 말한 고대 철학자 디오게네스(Diogenes BC 412~323)보다 행복한 현대인은 그리 많지 않을 겁니다. 《무소유》의 저자이자 대중에게 많은 존경을 받았던 법정 스님께서는 행복은 달성하는 게 아니라고 말합니다. '이다음에' '성공하면' '은퇴하면' 그때 가서 행복해야지, 라는 생각이 현재의 불행을 만든다는 것입니다. 사람들은 행복을 무슨 '성과목표'라 생각한다고 말씀하셨죠.

그러면서 비유하시길 "봄이 와서 꽃이 피는 게 아니라 꽃이 피어 있기에 봄인 것이다"라고 하십니다. 맞는 말씀입니다. 자신의 인식이 자신의 세계를 창조합니다. 그러므로 내가 피어 있으면 되는 것입니다. 오늘도 만개한 꽃으로 살면 됩니다.

그렇기에 행복해지기 위해선 더욱 개인에게 집중해야 합니다. 이를 위해 미디어에서 말하는 잘못된 소리에는 지나치게 귀 기울일 필요는 없습니다. 획일화된 성공담론도 경계하는 게 좋습니다. 그들의 이야기가 모두 틀렸다는 건 아닙니다. 다만 성공과 행복은 하나의 모습일 수 없음을 인지하자는 것이지요. 실제로 누군가가 나의 성공과 행복을 정의해주는 것은 사실 불가능하지 않습니까?

오직 나 자신만이 나 자신에게 행복을 알려줄 수 있습니다. 역사 속 현자들이 오직 내면의 소리에 집중할 것을 요청하는 이유도 이와 같습니다.

스위스 출신의 분석심리학자이자 프로이트의 제자인 카를 구스타프 융(Carl Gustav Jung, 1875~1961)이 말한 '자기실현'이란 개념도 바로 이런 것입니다. 이것은 실현하는 것이지 단순한 '자기만족'과는 근원적으로 다른 개념입니다. 모든 사람은 자기 자신을 실현하기 위해 태어납니다. 즉 자기 자신이 어떤 목적을 향한 도구가 아닌 목적 그 자체인 것입니다.

그러기 위해서는 나 한 사람이 곧 온 우주임을 자각해야 합니다. 그것이 행복의 시작입니다. 80억 인구에게 주어진 성공과 행복의 방정식은 80억 개입니다.

Dr. 필로소피_여섯 번째 솔루션

인간은 자유롭도록 선고받았다.

_장 폴 사르트르

내가 아는 나는 누구인가

균형 잡힌 세상이란 무엇일까요? 그것은 저마다의 가치를 인정하고 존중하는 사회입니다. 이에 대해서 가장 많은 영감을 주는 철학자는 에리히 프롬입니다.

에리히 프롬은 인간의 존재 양식을 두 가지로 구분합니다. 소유적 실존 양식과 존재적 실존 양식입니다. 소유적 실존 양식은 내가 가지고 있는 것으로 자신의 존재를 규정하는 것입니다. 집, 자동차, 옷, 현찰 등등 각종 소유, 즉 외형적 자산으로 나의 정체성을 규정하는 것이지요. 반면 존재적 실존 양식은 나의 생각, 행동, 경험, 지식 같은 나의 내면적 자산을 자신의 정체성으로 삼는 것입니다. 여기에서 에리히 프롬이 주는 중요한 성찰은 외면적 자산은 시간이 지나면 사라지거나 결국 없어지지만, 내면적 자산은 시간이 지나도 없어지거나 사라지지 않는다는 점입니다. 내 인생 주기를 온전히 함께합니다. 우리가 무엇이 있다고 말할 때 그것은 곧 본질을 말하는 것이지 그것의 겉모양을 말하지 않는다는 그의 문장이 이것을 함축합니다. 중세 신학자이자 사상가인 에크하르트(Meister Eckhart, 1260~1327)는 "우리 인간의 목표는 소유적 실존양식에서 벗어나 완전한 존재에 도달하는 것"[16]이라고 말합니다.

사람들이 "철수가 있다"고 말할 때는 철수의 몸과 생각, 경험, 인생이 있다는 말이지, 철수의 자동차, 옷, 집이 있다고 말하는 것은 아닙니다. 즉 소유적 실존 양식은 나의 정체성이 될 수 없습니다. 그러나 많은 현대인은 자신의 정체성을 여러 물질로 환원하는 데 익숙합니다. 그래서 자신이 소유하고 있는 물질이 사라질 때마다 자신이 사라지는 듯한 감정과 불안감을 느끼는 것입니다. 버트런드 러셀도 "인간이 자유롭고 고상하게 살지 못하는 이유는 소유에 대한 집착 때문"이라고 말합니다.

반면 존재적 실존 양식은 내가 죽을 때까지 사라지지 않기에 영속되는 행복을 줍니다. 사실 이것이 진정한 의미의 소유인 것입니다. 그래서 에리히 프롬은 "만약 나의 소유가 곧 나의 존재라면 나의 소유를 잃을 경우 나는 어떤 존재인가?"라고 묻습니다.

그럼에도 현대 사회는 끊임없이 물질적 소유를 추구하는 데 많은 초점을 맞추고 있습니다. 현대 사회의 교육도 마찬가지입니다.

에리히 프롬은 교육을 통해 얻을 수 있는 소유들 역시 두 가지로 구분합니다. 하나는 물질적 소유, 또 하나는 지적 소유입니다. 현대 사회의 교육은 지적 소유보다는 물질적 소유를 추구하는 데 편중된 교육 방식을 택하고 있습니다. 자본주의 사회에서의 교육이란 물질적 소유를 달성하기 위한 기술적 교육에 집중할 뿐 지적 소유에는 놀라울 만큼 둔감합니다. 머리에 많은 것을 집어넣지만 그로 인해 어떤 지적인 깨달음은 얻는 경우는 드뭅니다. 그러니 전인격적인 성장과 거리가 먼 교육일 수밖에요.

교육학의 출발이 된 고전 《에밀》에서 계몽주의 사상가 장 자크 루소(Jean Jacques Rousseau, 1712~1778)는 '자연 상태의 인간'에 대해 이야기합니다. 루소 시대의 교육은 신분제 교육이었습니다. 루소는 이를 강력하게 비판하는데 그것은 아이를 망치는 교육이라는 것이에요. 루소의 문제의식은 만약 부모가 신분을 잃거나 아이가 자라면서 자신이 가진 신분에 변동이 생겼을 때는 어떻게 살아가야 하나?[17] 왜 그것은 아무도 가르쳐주지 않는가, 하는 것입니다. 이로 인해 에밀은 당대 신의 권위에 도전한다는 이유로 금서가 되어 불태워졌습니다. 당시 신분제는 신이 정해주는 것이었기 때문입니다. 그래서 이 책은 루소의 또 다른 명저 《사회계약론》과 함께 근대 민주주의와 교육 개혁의 시발점이 됐다고 볼 수 있습니다.

그렇다면 현대의 교육은 어떨까요? 불행하게도 크게 변한 것은 없는 것 같아요. 신분이 현대식 직업으로 교체됐을 뿐이에요. 우리 아이들이 교육받는 것은 어쩌면 직업교육일 수 있습니다. 국영수는 좋은 직업을 목표로 한 기능 교육입니다. 과연 이것이 교육의 전부일까요? 나 역시 마찬가지지만, 대한민국 교육 시스템을 통해 자라난 아이들은 "인간이란 무엇인지", "나란 어떤 존재인지"에 대해 질문하는 법을 모릅니다.

이렇게 성인으로 자란 사람들이 원하는 직업을 얻지 못하거나, 혹은 그것을 잃었을 때 느끼는 상실감을 상상해보세요. 세상의 전부를 잃는 것이 될 것입니다. 오로지 그것을 위해 교육을 받아왔기 때문입니다. 그래서 에리히 프롬은 "보호와 책임은 지식에 인도되지 않으면 맹목이다"[18]라는 말을 한 것입니다.

우리 사회에 존재하는 수많은 독선자는 이런 바탕에서 길러진 물질적 존재들이 아닐까요? 그들은 무엇을 소유하냐는 것을 존재의 본질로 인식합니다. 안타깝게도 현대인은 눈에 보이지 않는 것을 소유로 보지 않습니다. 보이지 않는 것을 소유하는 힘이 거의 다 사라졌다고 할까요? 내 안을 채우는 진짜 나의 존재는 사라지고 외적 표피만이 존재할 뿐입니다. 이것이 바로 카를 구스타프 융이 말한 소위 페르소나(사회적 가면)입니다. 현대의 교육이란 어쩌면 이런 가면을 만드는 방법을 가르쳐주는 작업인지도 모릅니다. 저는 페르소나야말로 현대인에게 가장 큰 사회적 병리 현상을 일으키는 요인이라고 봅니다.

예전에 한 명문대에서 특강을 한 적이 있습니다. 우리나라에서 서열 1, 2위를 다투는 대학인지라 평소 기대가 많았습니다. 그러나 학생들의 수강 태도는 그리 좋지 않았습니다. 참가자 대부분이 신입생들이었는데요. 이제 막 대학생이 된 그들은 치열한 경쟁을 통해 올라온 나름대로 수재들이었습니다. 어쩌면 살인적인 수험

생활을 마치고 왔으니 모든 것이 끝났다고 생각해서, 이룰 것을 다 이루었다고 생각해서, 즐기는 중이었는지도 모릅니다. 저는 한 학생에게 다소 짓궂은 질문을 던졌습니다. "당신이 이 학교 학생임을 밝히지 않고 자신에 대해 이야기한다면 어떻게 설명하시겠습니까?" 그 학생은 대답을 머뭇거리더니 자신의 살아온 이력을 줄줄이 말했습니다. 어디에서 태어나고, 가족은 어떻게 되는지, 어떤 고등학교를 나왔는지를요. 그러나 그 모든 것은 이 대학교를 들어오기 위한 과정을 설명한 것이었을 뿐입니다.

이와 비슷한 실험 영상을 본 기억이 있습니다. 한 한국 학생과 외국 학생이 자기를 소개하는 영상이었죠. 한국 학생은 위 사례와 같이 자기가 어떤 부모 밑에서 자랐고, 형제는 어떻게 되는지, 어떤 지역에서 성장했는지, 어떤 학교에서 공부했는지를 설명했습니다. 반면 외국 학생은 취미가 무엇이고, 어떤 색깔을 좋아하고, 좋아하는 음악은 무엇인지를 설명합니다. 여러분은 이 차이를 감지하시지요? 한국 학생은 자신을 설명하면서 자신이 아닌 주변의 것들을 설명하고 있습니다. 사회에서의 좌표로 자신의 존재를 이해하고 있는 것입니다. 반면 외국 학생은 자신의 내면 경험과 생각을 자신의 존재로 규정했습니다. 한국 학생이 나 자신이 아닌 타인의 눈에 비친 나로 자신을 증명하려 했다는 것은 큰 문제입니다.

이는 사실 문화의 차이일 수도 있습니다. 집단주의 문화가 강한 나라에서 성장한 자아와 개인주의 문화가 강한 나라에서 성장한 자아의 차이일 수 있습니다. 우리의 언어만 봐도 우리 문화가 집단을 강조한다는 것을 알 수 있죠. 우리의 언어는 의무를 규정하기 때문입니다. 우리는 각 개인의 이름을 부르기보다는 그의 사회적 호칭을 부르는 것에 익숙합니다. 더 나아가 나보다 나이 많은 남자에게는 형이나 오빠, 여자는 누나나 언니로 부르죠. 내 친부모님이 아니더라도 나이 많은 어르신들에게 아버님, 어머님 호칭으로 부릅니다. 여기에는 일종의 개인을 넘어서는 의무가 암시되어 있습니다. 그가 누구든 형답게 언니답게 아버님답게 어머님답게 행동하려는 의식이 작동합니다. 형, 누나, 오빠, 아버지, 어머니 한국 사회는 이렇듯 호칭으로 관계의 의무를 지게 합니다. 그래서 우리는 상대가 누구냐에 따라 행동을 'ㅇㅇㅇ답게' 통일하는 경향이 있습니다. 반면 개인주의권 국가는 굳이 친가족이 아닌 이들에게 이런 호칭을 붙이지는 않습니다. 그저 그의 이름을 부르죠. 서로의 자연적 이름을 부르면서 개성화하고 여기에는 호칭에 대한 사회적 의무가 포함되어 있지 않습니다.

그러나 많은 심리학자와 철학자들은 사회적 위치를 자신의 정체성으로 두면 위험하다고 입을 모읍니다. 나의 자아를 사회적 위치에 맞추어 끊임없이 억제하기 때문입니다. 에리히 프롬도 "실존의 문제는 각자에 의해 스스로의 힘으로만 해결될 수 있고 남이 대신 해결해 줄 수 없기에 자기 자신의 내면에서 실패할 수밖에 없다"고 말합니다. 사회적 위치란 언제든 변할 수 있기 때문입니다. 어느 학교, 어느 직장에 다니는지가 곧 자신의 정체성이라면 이것을 잃었을 때 자신의 존재를 어떻게 설명해야 할까요? 수동적인 외면이 늘 능동적으로 변화하는 나를 항상 증명할 수는 없습니다. 그것을 잃었을 때 우리는 어떻게 견뎌야 할까요?

결국 인생은 자기 자신을 찾아가는 여정입니다. 모두가 나를 아는 것 같지만 실제 나를 아는 이는 아무도 없습니다. 가족조차 나란 존재를 온전히 이해하지 못합니다. 저를 예로 들어볼게요. 어머니는 아들 김대호를 아내는 남편 김대호를 아이는 아빠 김대호를 아는 것뿐이에요. 직장 동료도 직업인 김대호를 아는 것뿐이죠. 솔직히 그것은 김대호란 세계의 10%가 채 안 됩니다. 오로지 나 김대호는 나 김대호 외에는 아무도 모릅니다.

에리히 프롬은 이런 말을 했습니다. "인간은 원하지 않았는데도 태어나고 원하지 않는데도 죽게 되는 존재"라고요. 김대호 역시 1977년 어느 날 갑자기 나의 의지 없이 영문도 모른 채 태어났습니다. 그리곤 이 세상을 살아오게 되죠. 이후 나의 정서와 세계를 가득 채우고 있는 나의 이 의식은 오로지 '나만이 아는 세계'입니다. 나 외에는 그 누구도 알 수 없는 실존적 의식이죠. 그러나 우리는 살면서 여러 사회적 이름을 받습니다. 문제는 그것이 곧 나라고 생각하는 착각에서 옵니다. 그것은 사실 배역일 뿐이에요. 배역은 언젠가 끝나요. 배우가 배역을 충실히 연기하다 극이 마무리되면 진짜 '나 자신'으로 돌아오듯이 우리의 삶도 그래야 합니다. 이것을 다른 말로 하면 '회복탄력성'이라고 해요. 그런데 배역에 너무 몰입한 나머지 역할이 끝난 뒤에도 배역에서 빠져나오지 못하면 인생은 불행해집니다.

사르트르는 "타인은 지옥이다"라는 말을 남겼어요. 타자의 시선으로만 나를 규정할 때 삶이 지옥이 된다는 의미입니다. 직업적 은퇴 후 찾아오는 허탈감과 불안 두려움은 바로 그런 배역을 벗을 때 나타납니다. 지독한 공허함이 밀려오기 때문이에요. 가족의 나, 친구의 나, 동료의 나는 내가 알았는데 '그냥 나'를 한 번도 알아주지 않았기 때문입니다. 그 누구의 나만 챙겼을 뿐입니다.

우리는 그 누구의 나로 살기 위해 저 어딘가 방구석에 그냥 나를 오랫동안 방치해둡니다. 정작 혼자가 됐을 때 텅 빈 감정이 생기는 이유입니다. 그대로 잠들지 않도록 우리는 가끔 그냥 나를 흔들어 깨워야 합니다. 나에게 가끔 말을 걸어야 합니다. 당신이 진정 혼자일 때 오로지 '그냥 나'가 걸어 나와 동행할 테니 말이에요.

Dr. 필로소피_일곱 번째 솔루션

누가 또는 무엇이 있다고 말할 때,

우리는 그 또는 그것의 본질에 대해서 말하는 것이지,

그 또는 그것의 겉모양에 대해서 말하는 것이 아니다.

_에리히 프롬

페르소나와 그림자

 카를 구스타프 융에 따르면 인간에게는 두 개의 인격이 존재합
니다. 하나는 겉으로 드러나는 외적 인격이고, 하나는 내부에 감
춰진 내적 인격입니다. 외적 인격은 바깥에 보이는 나입니다. 사
람들에게 보이고 싶은 이미지를 만들어내죠. 반면 내적 인격은 수
줍게 감춰져 있으며 쉽게 드러내는 법이 없습니다. 내 안의 또 다
른 나, 욕망의 인격이기에 그렇습니다. 그는 이를 자아와 그림자
로 구분합니다. 자아는 외부 세계를 통합하는 의식의 중심에 있습
니다. 이 의식의 중심인 자아는 외부로 드러나는 정체성을 확립합
니다. 외부로 드러나는 정체성을 앞서 말한 대로 페르소나라고 하
는데 고대 희랍어로 가면이라는 뜻입니다. 우리는 청년기를 거치
면서 이러한 사회적 페르소나를 갖게 됩니다. 사회적으로 잘 짜이
고 섹시한 페르소나는 그 인물의 삶을 성공으로 이끕니다. 명예를
얻으며 존경을 받고 부를 획득합니다. 이런 성공의 경험은 대상의

페르소나를 더욱 강하고 확고하게 만듭니다. 문제는 이것이 반쪽 짜리 나라는 점입니다. 자아에서 파생된 페르소나가 더욱 공고해질수록 내적 인격은 더욱더 깊은 바닥으로 내려갑니다. 그래서 에크하르트(Eckhart, 1260~1328) 역시 "존재는 가면을 벗는 것이다"라고 이야기했을 것입니다.

그러나 평소 우리가 이것을 의식하지 못하는 이유는 무엇일까요? 융의 스승이자 정신분석학의 창시자 프로이트는 우리 무의식의 검열 기능 때문이라고 합니다. 무의식마저 우리의 사회적 외피에 맞추어 감시한다는 것입니다. 프로이트는 꿈을 꿀 때 꿈이 왜곡과 상징으로 가득 찬 이유는 바로 의식의 검열을 무의식이 피하기 때문이라는 것입니다. 그는 이 부분을 예술가들의 작품 활동에 빗대는데 문학 작가들이 작품 속 상징과 비유로 메시지를 집어넣는 이유는 권력자들의 억압 기제를 회피하기 위한 사전 검열적 속성 때문[19]이라는 것입니다. 그래서 검열의 강도가 강할수록 작가들의 위장과 비유는 더욱 깊어진다고 주장합니다. 마찬가지로 우리가 꿈을 꿀 때 우리 무의식은 꿈에 대해 사회적 도덕적 검열을 하고 이로 인해 꿈은 노골적으로 욕망을 드러내기보다는 상징으로 위장한다는 것입니다. 심판과 비판의 두려움을 피하기 위해서요. 그래서 꿈을 그냥 지나치기보다는 어떤 메시지가 숨겨져 있는지 분석하고 해석하면 삶에 매우 유용합니다. 꿈은 본래 소망 충족을 대신해주는 기능이 있기에 내가 진정 무엇을 갈망하는지를 보여줍니다. 문제는 이것이 현실과 큰 차이기 벌어지며 일종의 자아 균열이 일어나고 여기에 신경증, 히스테리 더 나아가 불안이나 공황으로 이어진다는 것이 프로이트의 통찰입니다.

자아의 불균형이 시작되면 내면의 그림자는 더욱 커집니다. 정신의 균형추가 한쪽으로 쏠리게 되는 것입니다. 불균형은 결국 마음의 균열을 가져옵니다. 우울, 권태감, 무기력증, 편집증은 이러한 불균형으로부터 자라납니다. 더욱 심각한 것은 균형추가 극단적으로 한쪽으로 쏠리면 자아 그 자체가 뒤집힐 수 있다는 점입니다. 우리의 내면에는 이처럼 감추어진 그림자가 도사리고 있습니다.

우리는 종종 미디어를 통해 사회적으로 존경받던 인물들의 몰락을 경험합니다. 너무나 완벽한 페르소나를 가지고 살아가는 사람이었기에 가면을 벗은 실물은 더욱 충격적일 수밖에 없습니다. 그러나 이것이 어떠한 특이한 현상은 아닙니다. 누구에게든 두 개의 인격이 존재하기 때문입니다. 드러나지 않았기에 그저 인지하지 못했을 뿐입니다. 오랫동안 억눌렸던 그림자가 폭발한 것입니다. 빛이 크면 그림자도 크다는 말도 있잖아요?

이러한 인격의 전복적 현상을 막기 위한 최선의 방법은 아이러니하게도 감추어진 그림자를 인정하는 것입니다. 무조건적인 숨김은 오히려 부작용을 낳습니다. 인정하지 않고 방치하면 그림자는 더욱 커질 수밖에 없습니다. 누가 누구에게 인정해야 할까요? 바로 내가 나 자신에게 인정해야 합니다. 방치한 그림자에 마음의 쓰레기들이 쌓이면 결국 터져 흘러내리기 마련입니다. 그러므로 내 내면의 인격을 존중해야 합니다. 그 인격을 관리해야 합니다.

저의 지인 중 한 분은 매너 있고 신사적이며 예의가 바릅니다. 그러나 그에겐 숨겨진 폭력적 그림자가 있습니다. 그는 결코 그것을 숨기지 않습니다. 타인에게 이야기하고 반성하며 도움을 요청합니다. 그는 강렬한 스포츠를 통해 자신의 그림자를 관리합니다. 자신의 폭력적 성향을 발견한 이후 더는 술을 마시지 않습니다. 그렇게 그는 한 분야의 전문가로서 여전히 존경받는 삶을 살아가고 있습니다. 최선의 사례가 아닐지 몰라도 참고할 만한 사례입니다.

그렇습니다. 우리는 욕망의 인격을 관리해야 합니다. 이 인격은 집 뒷마당에 꽁꽁 묶어둔 사나운 개와 같습니다. 그러나 묶어두기만 하면 안 됩니다. 언젠가는 줄이 끊어질 테고, 마음의 문을 부수고 나가 자신은 물론 타인을 물어버릴지도 모릅니다. 그러므로 사나운 개를 인정하고 밥도 챙겨주고 때로 산책도 시켜줘야 합니다. 관심과 애정을 기울여야 한다는 뜻입니다. 이러한 노력은 인격의 불균형을 극복하고 외적 인격과 내적 인격의 조화를 가져옵니다. 누군가에게 상처를 주지 않고 내 안의 그림자를 청소하는 법, 그것은 먼저 인정하고 마주하는 용기에서 시작합니다.

또한 융은 자아를 뛰어넘는 본 인격에 대한 일체를 강조하는데 그것이 바로 '자기'입니다. 자기는 수행, 공부, 명상 그리고 종교 생활을 통해 찾을 수 있습니다. 이러한 자기를 찾고 온전히 하나 됨을 경험하면 흔들리지 않는 내적 평안을 얻을 수 있습니다. 상황이 자아를 침탈하지 못하며, 불안한 시류 가운데서도 자신을 온전히 지켜냅니다. 이것이 바로 자기실현입니다.

그러나 자기실현에 도달하는 것은 결코 만만한 일이 아닙니다. 온전한 자기실현을 이룬 대표적 인물 한 명을 들라고 하면 저는 성경에 나오는 바울을 이야기하고 싶습니다. 프랑스 작가 알랭 드 보통(Alain de Botton, 1969~)도 그의 저서 《불안》에서 바울을 자신을 실현한 인물로 그리고 있습니다. 이유는 성경에서 찾을 수 있습니다.

내가 비천에 처할 줄도 알고 풍부에 처할 줄도 알아 모든 일에 배부르며 배고픔과 풍부와 궁핍에도 일체의 비결을 배웠노라.(빌립보서 4, 12)

바울의 고백입니다. 그는 어떤 상황에서도 치우치지 않는 심성의 소유자였습니다. 종교를 떠나 귀감이 될 만한 모습입니다. 그의 비결은 '스스로 비천에 처할 줄 아는' 것이었습니다. 고난의 상황에 스스로 뛰어든다는 것은 결코 쉬운 일이 아닙니다. 하지만 바울은 그 모든 상황에서 벗어나 자유로워지는 모든 비결을 배웠습니다.

인간이 가질 수 있는 고도의 정신세계는 고통스러운 상황에서도 그것을 견디고 넘어서는 힘에 있습니다. 스스로 고통에 처할 줄 아는 용기라고도 바꾸어 말할 수 있겠군요. 삶의 자유로움은 비천한 현장 속에서도 치열하게 살아가는 자에게 찾아옵니다. 그런 이에게 기쁨, 고통, 즐거움, 풍부, 비천함이란 결국 하나(일체)입니다.

그러므로 자기실현을 이루려 한다면 우리가 구해야 할 것은 오직 하나입니다. 그것은 풍부하고 안락한 삶이 아닌 비천함과 풍족함을 구분하지 않는 일체의 비결입니다.

주변 환경을 너무 무시해도 안 되지만 환경에만 너무 집착해도 문제가 됩니다. "어떠한 상황 때문에 내가 이렇게 된 것이다." "이러한 상황이었으면 나는 이렇게 되었을 것이다." 이런 생각은 불행만을 가져다줄 뿐입니다. 대상 세계에 삶의 결과를 전이해버리면 우리는 본질이 아닌 도구적 삶에 매몰되기 때문입니다

세상에서 얻는 자리(포지션)가 곧 자기 정체성을 이루면 사회적 가면(페르소나)이 강화되어 진짜 나를 철저히 소외시킵니다. 이때 문제는 가면을 벗은 뒤 찾아옵니다. 민낯을 받아들이기 어려워져 또 다른 가면을 찾아 헤매게 되니까요. 따라서 우리에겐 온전한 나를 받아들이는 훈련이 필요합니다. 있는 그대로의 나를 인정하는 거죠. 어떤 높은 지위나 특권을 내려놓아야 할 때 우리는 망설입니다. 괴롭습니다. 그러나 영원한 것은 없습니다. 나는 잠시 지위나 특권을 수렴한 것뿐이고 수렴을 끝낸 뒤 기꺼이 내려놓을 수 있고 그것에 괴로워할 필요는 없는 것이 건강한 자존감입니다.

실패에 가장 가까운 순간은 성공의 정상에 서 있을 때입니다. 바로 그때 능력에 대한 과신이 밀려오고, 성공을 즐기느라 안주하게 되며, 더는 도전을 꿈꾸지 않게 되기 때문입니다. 그래서 큰 성공을 거둔 다음이 가장 위험한 순간입니다. 예를 들어 산의 최정상에 올라온 사람을 상상해봅시다. 이제 내려오는 길만 있어요.

천천히 경치를 감상하며 내려오면 됩니다. 잘 내려오는 것도 하나의 도전입니다. 헤라클레이토스는 "오르막길과 내리막길은 똑같은 길이다"[20]라고 말합니다. 그러나 많은 사람이 그곳에서 영원하고자 욕심을 부립니다. 결국 올라온 또 다른 누군가에게 밀려 절벽에서 떨어집니다. 욕심이란 이렇듯 흘러가지 않는 상태, 무엇인가를 점유하고만 싶어 하는 상태입니다. 욕망을 버리고 무사히 하산하는 것도 행복을 위한 지름길인데 말입니다.

은퇴한 노년이 자괴감에 빠져 우울해하는 모습을 보면 참으로 안타깝습니다. 앞서 말했듯이 연극이 끝난 뒤 배우에게 찾아오는 허탈감 같은 것을 느끼게 되는 것입니다. 진짜 배우는 자신에게 주어진 에피소드가 끝난 뒤에도 '자신'이라는 정체성을 잃지 않습니다. 직업이란, 긴 인생에서 잠시 만나는 어떤 여행지 같은 것입니다. 그러니 이미 경험한 여행지를 그리워할 필요가 없습니다. 마음의 지도를 들고 있다면 마음먹은 대로 새로운 삶의 여행지로 떠나면 그만입니다.

Dr. 필로소피_여덟 번째 솔루션

나는 누구인가?
이 질문을 던지지 않으면
세상의 반응에만 의존하게 된다.
_카를 구스타프 융

운명에 반항하라

2020년 방영된 SBS 드라마 〈스토브 리그〉에는 이런 대사가 나옵니다. "어떤 사람들은 3루에서 태어났으면서, 자기가 3루타를 친 줄 안다." 주인공이 자신보다 상관인 구단주 조카의 잘난 체를 듣고 한마디 하는 장면입니다. 부모에게 재산을 물려받은 이 시대의 금수저들이 본인이 유능해서 부자가 된 게 아니듯, 이 시대를 살아가는 많은 흙수저들 역시 본인의 무능으로 가난하게 사는 게 아닙니다. 이 사회의 진짜 문제는 불로소득으로 부를 이룬 사람들을 과도하게 미화하는 시선이고, 그런 식의 환상을 보통 사람들에게 심어주는 미디어에 있습니다. 진정 존경받아 마땅한 사람들은 자신의 역량과 행동으로 사회의 건전한 생산성을 창출해가는 이들입니다. 아무런 노력 없이 부모에게서 물려받은 부로만 만족하며 살아가는 사람들보다 매일 성실하게 살아가는 근로자들이 이 사회에 훨씬 이로운 존재들이라는 뜻이지요. '가난=무능'이라는 공식은 자본을 먹고사는 미디어가 만든 사기극에 가깝습니다.

그러나 세상이 선한 방향으로 움직일 거라는 생각도 착각에 가깝습니다. 권선징악 개념은 인류가 오랫동안 품어온 동화 같은 환상입니다. 쇼펜하우어는 "단테가 지옥은 생생히 묘사했어도 천국은 생생하게 묘사하지 못한 것은 이 세상에 천국의 예가 없기 때문"이라고 했는데요. 이 세상이 이기심으로 가득 차 있다는 뜻이겠지요. 사악한 리더들이 승리하는 배경도 이와 같습니다. 어쩌면 이것이 바로 인간 사회의 본질인지도 모릅니다. 그러니 선한 행동이 늘 승리한다는 환상을 버려야 합니다.

'선(善)이 반드시 승리한다'는 생각을 버리면 오히려 하나의 긍정성을 인정하게 됩니다. 선한 시도가 실패로 돌아갔다고 실망할 필요도 없어집니다. 일찍이 세상에서 승리하고자 선한 실천을 한 선각자들은 단 한 명도 없었습니다. 그저 마땅히 해야 하기에 했을 뿐입니다. 실패할 것을 알고도 가는 길이 진리의 길이니까요.

1500년대 후반 이탈리아에는 조르다노 브루노(Giordano Bruno, 1548~1600)라는 인물이 살았습니다. 그는 신부가 꿈인 독실한 신자였지만, 과학에도 관심이 많았습니다. 코페르니쿠스의 지동설을 받아들였을 만큼요. 교회는 브루노를 이단으로 규정하고 지동설 지지를 철회하라고 종용했습니다. 하지만 그는 자신의 주장을 굽히지 않았어요. 지구가 수많은 행성 가운데 하나이며, 태양을 중심으로 도는 것은 사실이었기 때문입니다.

갈릴레오 갈릴레이(Galileo Galilei, 1564~1642)도 같은 이유로

화형에 처해질 뻔했으나 주장을 철회하고 목숨을 부지합니다. 그러나 뜻을 굽힌 건 아니었어요. 브루노는 수년간 깜깜한 어둠에 갇혀 가학적인 고문을 당하다가 결국 화형을 당합니다. 서양 중세의 고문 방식은 상상 이상으로 악마적이었어요. 혹자는 두 사람을 비교하면서 "갈릴레오는 과학자답게 실용적 판단을 한 것"이고, "브루노는 신앙인답게 영적인 판단을 내린 것"이라고 하더군요.

죽음을 앞둔 마지막 재판장에서 브루노는 이렇게 말합니다.

"선고를 받는 나보다 선고를 내리는 당신들의 두려움이 더 클 것이오."

그렇습니다. 올바른 곳에 서 있는 사람보다 그렇지 못한 곳에 서 있는 사람의 두려움이 더 큰 법입니다. 욕심으로 진리를 왜곡하는 사람은 더욱더 공포를 느낄 테지요. 진실은 감출 수 있는 게 아니니까요. 그러나 한 가지 확실한 것이 있습니다. 남을 해롭게 하지 않고 정도를 지키는 삶은 높은 자부심과 내적 만족을 얻을 수 있다는 점입니다. 마음의 지옥에서 사는 사람들은 절대로 맛볼 수 없는 그런 세계 말입니다.

독일 철학자 칼 야스퍼스(Karl Theodor Jaspers, 1883~1969)의 아내는 유대인이었습니다. 나치는 그에게 아내를 버리든가 대학 교수직을 버리든가 하라고, 둘 중 하나를 택하라고 다그쳤습니다. 그는 주저 없이 교수직을 버립니다. 야스퍼스는 아내와 함께 유대인 수용소에 끌려갈 것을 대비해 항상 독약을 지니고 다녔다고 하는데요. 훗날 그는 이런 경험을 토대로 철학적 성취를 이룹니다.

그것이 바로 '한계상황'이라는 실존적 존재 경험입니다.

인간은 종종 자신의 힘으로는 도저히 어쩔 수 없는 한계상황에 직면합니다. 죽음, 전쟁, 질환 등이 이에 속하는데요. 야스퍼스는 그런 한계상황에 처할 때 인간에겐 진정한 내면이 열리고, 실존적 자각에 이르게 된다고 말합니다. 그가 나치 치하의 경험을 통해 철학적 통찰을 얻었듯 말입니다.

인간이 동물과 다른 점은 동물은 외부세계를 살지만, 인간은 내면세계를 산다는 점입니다. 눈에 보이는 현상을 자신 내면 안에서 재해석한 세계를 사는 것입니다. 이때 인간 특유의 가치판단이 들어가는데요, 어떤 가치를 수렴하느냐에 따라 현상의 본질은 달라집니다. 실존하는 인간은 그러므로 객관적 사태에 지배받지 않습니다. 야스퍼스처럼 말입니다.

현실 세상은 우리 스스로가 어찌해볼 수 없는 한계상황으로 가득합니다. 하지만 인간은 그런 한계상황에 기꺼이 자신을 던지는 존재입니다. 또 다른 실존철학자인 사르트르의 말대로 현재를 초월하여 미래로 자기를 내던지는 '기투(企投)'하는 존재죠. 오직 인간만이 그렇습니다. 사르트르도 그래서 이렇게 우리에게 권고하고 있어요. "언제나 자유로운 선택을 통해 매 순간 나의 생생한 실존과 마주하라"고요. 한계상황을 자각하지만, 그것에 지배받기보다는 극복해나갑니다. 그래서 저는 아이에게 "삶이란 아름다운 거야"라고 이야기하지 않을 것입니다. 다만 스스로 아름답게 살아가라고 말해줄 것입니다.

알제리 출신의 극작가이자 현대 철학자인 알베르 카뮈(Albert Camus, 1913~1960)도 이 세계를 어떤 특정한 목적이 아닌 '그냥 있는 것'이라고 보았습니다. 지구는 자전하고 공전하고 물은 흐르고 꽃은 피었다 지는 것을 반복합니다. 지구는 어떤 특별한 의식이 있어서 도는 것도 아니며 물도 어떤 감정을 가지고 순환하는 것이 아닙니다. 끊임없는 생성과 반복에는 아무런 목표가 없다고 보았죠. 고대로부터 서양 철학이 세계에 끊임없이 의미를 부여하려 했는데 카뮈는 이런 전통이 잘못됐다고 말합니다. 그렇습니다. 그는 세계를 허무주의 관점에서 바라봤습니다. 카뮈는 자연 세계뿐 아니라 인간 삶에도 이런 허무가 넘친다고 보았습니다. 가령 어떤 이들은 엄마 뱃속에서부터 풍요로운 삶을 보장받고 태어나지요. 그러나 어떤 이들은 태어나자마자 버려지기도 합니다. 법을 어기고 악한 사람이 장수하는데 반해 선량하고 무고한 사람들이 불의에 사고로 일찍 죽기도 합니다. 이 차이에는 어떤 특별한 이유도 없고 신의 특별한 섭리도 없다고 본 것입니다. 세계는 불확실성으로 가득 차 있고 이런 행운과 불행에는 아무런 이유가 없다는 것이지요. 이런 허무를 카뮈는 '부조리'라고 이야기합니다.

그래서 그는 '진정 철학의 유일한 문제는 자살이다.'라는 말을 한 것입니다. 그럼에도 카뮈는 자살은 좋은 방법이 아니라고 보았습니다. 인간의 삶이 비록 부조리로 가득 찼다고 하더라도, 세상이 아무런 의미가 없다 해도 그런 세상을 등지는 것이 아닌 적극적으로 내 삶을 창조하면서 살아가야 한다고 했습니다. 카뮈는 그것을 '반항'이라 말했습니다. 카뮈 역시 니체와 같이 깊은 허무와 부조리에 반항하며 오히려 자신의 삶을 더욱 긍정하라고 말합니다. 참으로 아이러니입니다. 깊은 허무주의자였던 카뮈는 철학에서 역설적이게도 오히려 삶을 사랑해야 할 이유를 발견합니다. 그렇습니다. '인생 그 자체'가 아름다운 것입니다. 꼭 원하는 결과를 얻지 못해도 나를 둘러싼 모든 부조리에 적극적으로 '반항'하며 사는 삶, 여기에 인간 삶의 빛나는 가치가 있습니다. 삶의 의미는 이 우주가 주는 것도 이 세계가 주는 것도 이 사회가 주는 것도 아닌 오직 나 자신이 나에게 줄 수 있는 것입니다. 카뮈의 말대로 나는 그렇게 반항함으로 이 세상에 진정 존재할 수 있는 것입니다.

Dr. 필로소피_아홉 번째 솔루션

나는 반항한다, 고로 존재한다.

_알베르 까뮈

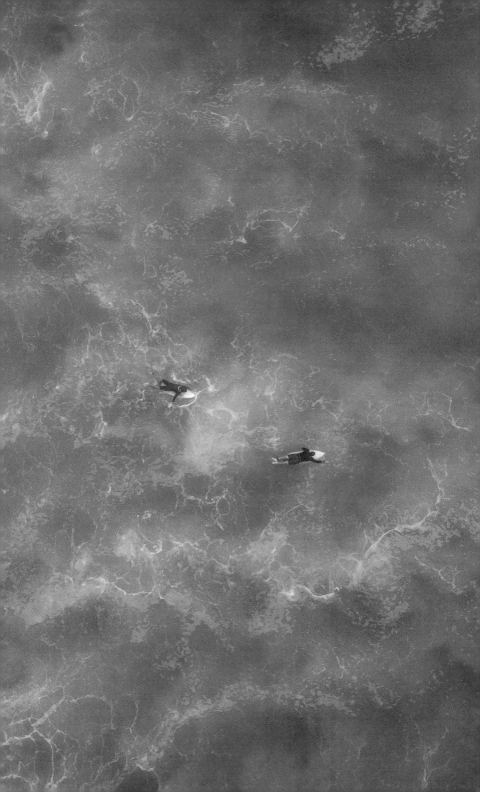

당신의 불행에는 이유가 없다

이제 저의 내밀한 이야기를 털어놓아야 할 것 같습니다. 저는 30대 중반에 갑자기 불안장애가 찾아왔습니다. 결혼도 하고 하는 일도 잘되고 있을 때였습니다. 이해가 되지 않았지요. 갑자기 좋지 않은 일이 터질 것 같은 기분에 휩싸이고, 뜬금없이 심장이 뛰고 호흡이 가빠지는 현상이 찾아왔습니다.

깊이 고민하다가 어린 시절 경험에서 이유를 찾을 수 있었습니다. 저의 아버지는 제가 아홉 살 때 홀연히 세상을 떠나셨습니다. 가난했던 저는 성장 과정에서 차별을 겪어야 했습니다.

초등학교 때 일입니다. 한 번은 아무런 이유 없이 선생님이 저를 때렸습니다. 저는 내성적이라 얌전하고 조용한 아이였어요. 선생님은 몇 아이들을 돌아가면서 때렸는데, 모두 가난한 집 아이들이었습니다. 말썽을 피우지 않았는데도 불구하고 한 바퀴, 두 바퀴라는 체벌을 받았는데 선생님 구둣발을 맞아가며 교실을 도는 것이었습니다. 스승의 날에는 선물을 사 가지 못했다는 이유로 교실 뒤에서 벌을 서야 했습니다. 그렇게 맞고 와서도 어머니에겐 한마디도 하지 않았습니다. 중학교는 교육청 특별관리 대상일 정도로 불량한 아이들이 많은 곳이었는데, 툭하면 시비를 거는 아이들 때문에 어쩔 수 없이 다투기를 반복했습니다. 약하게 보이면 일 년 내내 괴롭힘 당할 것을 잘 알았으니까요. 매일 집을 나서며 '오늘은 아무도 나에게 시비 걸지 않았으면 좋겠다'고 기도했습니다. 중학교 3학년 때엔 집에 강도가 들기도 했습니다. 그때 저는 이런 생각을 했던 것 같습니다. '내가 뭘 그렇게 잘못했지?' 아무리 생각해도 나의 불행에는 이유가 없었습니다. 청소년 시절 경험한 세상은 참으로 나빴습니다.

자본주의 사회에서 경험하는 가난은 단순히 돈이 없다는 것으로 끝나지 않습니다. 가난하다는 것은 다른 사람보다 자주 위험에 처할 수 있음을 의미합니다. 제가 자본주의 사회에 회의를 품으면서 공동체적 가치관을 갖게 된 것도 이때의 영향인 듯싶습니다.

집단주의에 대한 심각한 문제의식도 이때 촉발했습니다. 적어도 저에겐 학교가 교육 현장이 아니라 폭력의 현장이었으니까요. 인간들이 모인 사회는 가만 내버려두면 차별과 멸시와 폭력이 난무하는 현장이 된다고 생각하게 되었습니다. 영국의 정치철학자 토머스 홉스(Thomas Hobbes, 1588~1679)가 말한 "만인의 만인에 대한 투쟁 상태"인 것이지요. 진화란 이 같은 폭력성을 소멸시키는 데 그 목적이 있다고 믿게 되었습니다. 비폭력 저항 운동의 선구자 마하트마 간디(Mahatma Gandhi, 1869~1948)도 "폭력은 상상력의 부재"라고 했잖아요? 현대 분석철학을 대표하는 철학자이자 열렬한 반전운동가였던 버트런드 러셀(Bertrand Russell, 1872~1970) 역시 "폭력적인 혁명 아니고서는 실현될 수 없는 처지라면 그 원인이 대부분은 그를 주창하는 자들이 폭력적이라는 데 있다고 보아야 한다"[21]고 일침을 놓기도 합니다. 그런 의미에서 전쟁과 폭력은 인간이 문제해결을 위해 할 수 있는 가장 무능하고 게으른 방식이 아닐까 싶습니다.

저는 나홍진 감독의 2016년 작품 영화 〈곡성〉을 참 좋아합니다. 대다수는 〈곡성〉을 공포영화라고 생각하지만, 제게 이 영화는 철학 영화입니다. "당신의 불행에는 아무런 이유가 없다"고 말하는 주제 의식 때문이지요. 이 테마는 제게 놀라운 성찰을 가능하게 해주었습니다. 나에게 닥친 아무런 이유가 없는 불행을 통해 나를 긍정하게 되는 역설을 경험했기 때문인데요. 니체식으로 말하자면, '부정을 통한 긍정', 즉 자신을 극복해나감으로써 가장 높은 차원의 인간(초인)이 되는 것입니다.

니체는 고통마저 긍정하라 합니다. 니체는 일평생 자신 고통의 문제를 사유했습니다. 그는 평생 온갖 질병을 앓았는데요. 시각, 청각 등에 이상이 있었고 극심한 두통과 위염을 앓았습니다. 말년에는 언어 장애, 발작 등을 겪었고 끝내 정신이상 상태에 처하게 됩니다. 그런 니체에게 '고통'이란 못된 가족 같은 느낌이었을 것입니다. 그래서 저는 니체를 '고통의 철학자'로 생각합니다.

그는 고통의 문제를 어떻게 보았을까요? 놀랍게도 인간 진화의 필수 불가결한 요소로 보았습니다. 쾌락을 통해 종족을 번식하듯이 인간 발전을 위해 고통도 필요하다는 것입니다. 만약 유전학적으로 가치가 없다면 고통은 없었을 것이라 말합니다. 그는 병마저도 모든 것을 자연 상태로 되돌리려는 의지로 해석합니다.

니체에게 고통의 상징성은 산모의 잉태로 귀결됩니다. 산모는 극심한 고통을 통해 하나의 세계를 탄생시킵니다. 니체가 보았던 고통의 맥락입니다. 그러므로 진정 건강한 상태란 고통이 없는 상태가 아닌 고통마저 긍정하고 극복함으로써 의지와 창조에 도달하는 상태가 됩니다.

우리의 불행에는 사실 아무런 이유가 없습니다. 그러나 놀랍게도 그런 세상 앞에서도 삶을 긍정할 수 있는 것이 바로 나라는 존재입니다. 니체는 인간의 삶을 '영원히 반복되는 어떤 것'이라고 보았습니다. 이것이 바로 그 유명한 니체의 영원회귀 개념인데요. 그에 따르면 우리 삶에는 고통, 부조리, 기쁨, 행복, 슬픔 등 모든 요소가 영원히 반복되므로 여기에 절망하여 무릎을 꿇을 게 아니라 삶을 긍정하라고 이야기합니다. 불행을 그저 불행으로 받아들일 게 아니라 이를 극복하면서 그 과정을 통해 성장해야 한다고 강조하죠. 그렇기에 인간은 위대합니다. 니체가 "불행마저 긍정하라"고 이야기한 것도 같은 맥락입니다. 그래서 저는 어떤 불행 앞에서 자책하는 사람들을 보면 이런 이야기를 해주고 싶습니다.

"당신 탓이 아니다. 당신은 아무런 잘못을 하지 않았다. 그러니 세상을 비웃으면서 당신 자신을 긍정하라"고 말입니다.

니체의 말처럼 자존감이 높은 사람은 남의 평가 따위엔 신경을 쓰지 않습니다. 자기보다 못한 사람들의 평가에 신경을 곤두세울 일이 뭐가 있겠습니까? 내가 바른길로 가고 있다는 확신이 있다면, 누군가의 야유는 그저 경기장 군중의 야유 같은 것일 뿐입니다. 경기의 주인공은 선수이고, 사람들은 훗날에도 선수만을 기억할 겁니다. 훌륭한 선수들 역시 관중의 야유 따위엔 신경 쓰지 않습니다. 오직 경기에만 집중합니다. 자존감이 높은 선수라면 오직 스스로 내리는 평가에 신경 쓸 뿐입니다. 애플의 전 CEO 스티브 잡스(Steve Jobs, 1955~2011)는 생전에 이런 말을 했어요. "우리는 '세상일이 다 그런 거야'라고 말하는 사람들의 이야기를 들으며 그것에 맞춰 제한적인 삶을 살아가게 되지만 그런 모든 것들이 사실 당신보다 똑똑하지 않은 사람들이 만들어놓은 것일 수 있다"라고요.

우리가 삶을 긍정해야 하는 이유는 또 있습니다. 긍정은 우리를 변화로 이끌어주지만, 부정은 아무것도 바꾸지 못하기 때문입니다. 스키 선수들은 스키를 탈 때 주변 나무를 보지 않는다고 합니다. 오직 본인이 가야 할 코스만을 본다고 하는데요. 나무를 보면 도리어 나무와 충돌할 확률이 커지기 때문이라고 합니다. 자신이 가야 할 길만 볼 때 주의력이 높아집니다. 그리고 이렇게 생긴 주의력은 유도성을 만듭니다. 부정은 부정으로 인도하고 긍정은 긍정으로 인도하기 때문인데요, 이는 행동경제학에서 이미 수차례 증명한 커뮤니케이션 모델이기도 합니다. 인간은 관념에 지배되는 심리적 동물이고, 관념을 만드는 것은 바로 관점입니다.

그러므로 삶의 즐거움으로 가기 위해선 세 가지가 필요합니다. 바로 유도성, 긍정성, 흥미성입니다. 이것이 결합하면 파도가 됩니다. 파도는 주변 물결에 동력을 만들고 주변에 긍정적인 주목도를 높여주고 결국 서퍼에게 강렬한 흥미를 전달합니다. 그렇게 흐름을 탄 물결은 하나의 결집을 이룹니다. 그런데 이 흐름을 방해하는 것이 있으니 바로 부정의 언어들입니다. 부정의 언어는 강으로 모여드는 시냇물을 중간에 고이게 하는 병목 현상을 만들어냅니다. 그러므로 무엇인가를 진정으로 이루고자 한다면, 절망의 언어나 부정어법을 자주 사용해서는 안 됩니다. 주변 사람들에게도 마찬가지입니다. 다른 이들에게도 긍정의 언어를 전달해야 합니다. 그래야만 나 자신은 물론 나와 함께하는 모든 이가 좋은 영향을 받게 됩니다. 의심, 회의, 절망감, 패배감은 경기도 뛰기 전에 전투력을 약화시키는 요인으로 작용하고, 이것이 흐름이 되면 패배할 수밖에 없게 되지요. 그러므로 우리는 긍정의 언어를 바탕으로 나의 힘을 키우고, 이로써 삶의 마지막까지 좋은 흐름을 만들어야 합니다.

Dr. 필로소피_열 번째 솔루션

고귀한 인간은 스스로 가치를 규정하기 때문에,
타인의 인정을 필요로 하지 않는다.
_프리드리히 니체

너의 이름은

현대 철학자 중 독보적인 천재로 꼽히는 비트겐슈타인(Ludwig Wittgenstein, 1889~1951)은 철학의 문제를 언어의 문제로 보았습니다. 언어가 세계를 구성한다고 본 그는 "내 언어의 한계는 내 세계의 한계를 의미한다"고 말했는데요. 그의 명저 《논리철학논고》는 이를 진술하는 현대 철학사의 기념비적인 저작입니다. 비트겐슈타인은 또 "사람은 지시하는 대로 사고한다"라고 이야기합니다. 여기서 지시라는 것은 곧 언어를 뜻하는데, 언어학자 에드워드 사피어(Edward Sapir, 1884~1939)나 벤저민 리 워프(Benjamin Lee Whorf, 1897~1941)도 한 사람이 세상을 이해하는 방법과 행동은 그 사람이 쓰는 언어의 체계와 관련이 있다고 이야기했습니다. 근대 유명론 철학자들도 "낱말 없이는 일반적 관념도 생각해내지 못한다"고 보았습니다. "언어 없이 허위와 진리도 구분하지 못하는데, 참과 거짓은 언어를 매개로 일어나는 행동의 속성"[22]이라는 이유 때문입니다.

요즘 지자체에서는 '환경미화원'이라는 오래된 명칭을 '환경공무관'이라고 바꾸고 있습니다. 저는 이 작업이 긍정적 시도라고 생각합니다. 이름은 단지 기능만 상징하는 게 아니라 의미도 담고 있습니다. 이 의미를 어떻게 담아내느냐에 따라 사회적 인식 또한 변화하지요. 이것이 바로 브랜딩의 본질이자 언어의 힘입니다. 이것을 제대로 인지하지 못하는 사람들은 명칭을 기능으로만 축소하는 경향이 있습니다. 이름 하나 바꾼 것으로 많은 걸 바꿀 수 있다는 것을 간과한 것이지요.

예를 하나 볼까요? 어떤 기저귀 회사에서 신제품 슬로건을 '배변 연습용'으로 잡았습니다. 시장의 반응은 냉담했죠. 소비자들의 무의식이 배변이라는 단어와 연습이라는 단어를 거부한 탓입니다. 고민 끝에 회사는 제품에 '걷는 아기용'[23]이라는 홍보문구를 내걸었습니다. 결과는 어땠을까요? 기저귀 시장에서 1위를 차지했습니다. '걷다'라는 긍정의 단어가 엄마들의 마음을 움직였고, '아기'라는 단어가 육아의 본질을 건드렸기 때문입니다. 표현만 달랐을 뿐, 같은 제품 같은 기능인데도 이런 일이 벌어졌군요. 역시 언어는 힘이 셉니다.

공적인 영역에서도 비슷한 일이 비일비재합니다. 오스트리아 출신의 화가 훈데르트 바서(Hundertwasser, 1928~2000)는 시에서 운영하는 쓰레기 처리장의 리모델링을 제안하면서 여기에 쓰레기 처리장이라는 부정적 표현을 쓰지 말고 '리사이클링 플레이존'이

라는 긍정적인 표현을 사용하자고 제안합니다. 그러고는 이곳을
《찰리의 초콜릿 공장》 같은 느낌으로 리모델링했습니다. 이로써
그곳에서 일하는 직원들의 근무 만족도가 높아졌고, 자연스레 능
률이 올랐으며, 그때까지 상당한 직업 우울증에 시달렸던 사람들
의 상태가 개선되었습니다. 가치 브랜딩은 이처럼 생산성과 연결
됩니다.

　얼마 전 대만에 있는 한 도시에 기울어진 우편함 두 개가 화제를
끌었습니다. 강한 태풍이 지나가 휘어진 것인데요. 대만 당국은
휘어진 우편함을 다시 세우지 않고 그대로 두기로 했습니다. 마치
'피사의 사탑'처럼 말이죠. 그것을 대만의 회복력과 생존의 상징으
로 하자는 제안 때문이었습니다. 우편함에 샤오루, 샤오후라는 이
름까지 붙여주었습니다. 이는 매우 영리한 전략입니다. 휘어진 우
편함은 기우뚱하는 모양으로 귀여운 느낌마저 듭니다. 그들의 예
상은 적중했습니다. 소셜미디어에서 화제가 되면서 관광객들이
몰려 우편함에서 사진을 찍는 진풍경이 연출되었습니다. 이런 걸
보면 꼭 도시에 비싼 상징물을 세우는 것만이 능사는 아닌 것 같습
니다. 작은 것이라도 기록하고 어떻게 가치를 부여하느냐에 따라
관점은 180도 달라질 수 있기 때문입니다. 이렇듯 인간은 대상물
을 그냥 시각으로 감각하는 것이 아닌 관념으로 해석하는 동물입
니다. 그래서 망가진 우편함도 생존의 우편함이 될 수 있는 것입
니다. 그것을 잘 활용하는 게 브랜드 전략일 것입니다.

　언어학의 창시자 페르디낭 드 소쉬르(Ferdinand de Saussure,

1857~1913)는 기호(sign)를 기표(시니피앙, signifiant)와 기의(시니
피에, signifié)로 나눕니다. 기표는 기호의 겉모습, 즉 음성(音聲)으
로 표현된 모습이고, 기의는 기호 안에 담긴 의미를 말하는데요.
이에 따르면 어떻게 말하는가(기표)에 따라 특정한 의미와 이미지
(기의)를 불러오게 되는 것입니다. 그러니, 어떤 표현을 쓰면 부정
의 이미지가 강화되고 또 어떤 표현을 쓰면 긍정의 이미지가 강화
되는 것입니다.

우리는 예전에 환경미화원을 청소부라고 불렀습니다. 본질상
아무런 문제가 없어 보이지만, 이후 사람들은 부정적 이미지를 개
선하기 위해 청소부라는 말 대신 환경미화원이라는 새로운 기표
를 쓰기 시작했습니다. 환경을 깨끗하고 아름답게 바꾼다는 의미
지요. 이로써 당사자는 물론 받아들이는 사람들 역시 더 나은 기
의를 경험하게 되었습니다. 바로 이런 점에서 환경공무관이라는
명칭 변경은 직업적 자존심을 높이는 데 좋은 역할을 할 것으로 보
입니다. 환경미화원에서 새로 추가된 기표는 '공무'인데요. 보통
공무라는 표현은 긍정적이고 객관적인 이미지를 연상하게 해줍니
다. 공적 영역에 종사한다는 의미를 강화하죠. 종사자들이 자부심
을 느끼게 해주는 좋은 표현입니다.

저는 우리 사회에서 가장 어렵고 힘든 일을 하는 사람들을 사회
적으로 먼저 대우하고 존중해야 한다고 믿습니다. 환경공무관이
나 사회복지사, 각 병원의 외상센터 근무자, 어린이집 교사 같은
분들 말입니다. 이분들에게 예우를 갖추는 시작이 저는 '어떻게

부르는가'에 있다고 봅니다. 그들이 하는 일에 초점을 맞춘 기능적 단어가 아니라 그들이 변화시키고 있는 사회적 가치를 담은 언어를 써야 하는 이유입니다.

저에게도 비슷한 경험이 있습니다. 저는 어렸을 적에 흔히 말하는 늦된 아이였습니다. 일곱 살 무렵까지 동네 아이들 중 유일하게 'ㄱ, ㄴ, ㄷ'을 쓰지 못했던 터라 초등학교 1학년이 되었을 때 담임교사는 '이 아이를 특수학교에 보내야 하나?' 하고 진지하게 고민했다고 합니다. 그 뒤로도 저의 성적은 늘 하위권에 속했습니다. 언제나 주눅이 들어있었고, 소심했으며, 나를 표현하는 말 한마디를 제대로 하지 못했어요.

이런 소심한 아이를 바꿔준 것이 있습니다. 첫 번째가 '칭찬의 언어'였어요. 어릴 적 친구인 한 여자아이가 어느 날 제게 이런 말을 했습니다. "네 이야기는 참 재미있어." 그 이후 저는 그 친구를 만날 때마다 재미있게 해주려고 여러 가지 이야기들을 생각하곤 했습니다. 그 무렵부터 제 성격이 외향적으로 바뀌었던 것 같습니다. 두 번째는 '격려의 언어'입니다. 고등학교 2학년 때 저는 처음으로 무엇인가 '하고 싶다'라는 생각을 하게 되었습니다. 이때도 역시 누군가가 "너는 'ㅇㅇㅇ'이 되면 정말 잘할 것 같아"라고 이야기해준 덕분입니다. 공부의 필요성을 자각한 저는 이후 무섭도록 공부에 몰입했고, 거짓말처럼 반에서 1등을 한 적도 있습니다. 물론 그 시절 품었던 꿈은 군대를 다녀온 후 다른 것으로 바뀌었지만, 그 경험을 통해 저는 자존감이 높아졌습니다. '하면 안 되는 건

없구나' 하는 자신만만함이랄까요? 어린 시절 말 한마디 제대로
못 했던 제가 현재 기획자이자 컨설턴트로, 그리고 글을 쓰는 작
가이자 강연자로 살고 있다니, 제가 생각해도 참 놀랍습니다. 이
러한 경험을 통해 저는 칭찬과 격려의 말이 한 사람의 인생을 바꿀
수 있다는 확신을 얻게 되었습니다.

프로이트는 여러 환자를 치료하는 도중 아주 특이한 케이스를
만났습니다. 신경 강박증 환자인 이 남자는 절대로 집 밖을 나가
지 않았는데 그 이유는 황당하게도 자신이 누군가를 살해할까 봐
[24]였다고 합니다. 그래서 자신을 좁은 방 안에 평생 가둔 것입니
다. 프로이트는 "그는 남들보다 오히려 도덕관념이 뛰어난 사람"
이었을 것이라 말합니다.

그의 정신을 분석하던 프로이트는 그가 어렸을 적 지나치게 엄
격한 아버지에게 살해 충동을 느꼈다는 사실을 발견했습니다. 아
버지의 엄격함을 자신도 배웠지만, 그 아버지에 대한 살해 충동도
함께 전이된 것이죠. 이것이 뒤엉켜 성인이 된 후 줄곧 심각한 신
경증으로 나타난 것입니다.

가끔 지나치게 엄격한 부모님들을 봅니다. 물론 아이가 바르게
자라길 바라는 마음일 것입니다. 그러나 부모의 지나친 억압은 성
인이 된 후 정신적 문제로 발전할 수 있습니다. 복종과 분노는 양
립하고 반대로 존경과 존중도 양립합니다. 아이를 지나치게 복종
시키면 분노의 대상이 될 것이고 아이를 적절히 존중한다면 존경
의 대상이 될 것입니다. 장 자크 루소도 진정 교육의 문제는 어른

들이 "어린이를 어린이로 보지 않고 덜 자란 어른으로 본다"는 점에 있다고 말합니다. 존중은 인정과 격려, 칭찬 바로 긍정의 언어에서 나옵니다. 반면 지나친 억압과 부정의 말은 프로이트가 치료한 신경강박증 환자의 사례처럼 움츠러들고 숨어들게 만듭니다.

세상에 아무런 재능이 없는 사람은 없습니다. 모든 사람에게는 자신만의 재능이 있게 마련입니다. 뒤늦게라도 발견되거나 충분히 발현되지 못했을 뿐입니다. 아직 어렸을 적에는 본인에게 어떤 재능이 있는지 잘 모를 수 있고, 어찌하여 깨닫게 된다고 해도 용감히 꺼내 보일 자신감이 없는 상태이거나 그럴 만한 환경이 되지 않았을 수도 있습니다. 재능을 알아보고 격려해줄 사람이 주변에 없었기 때문인지도 모르죠. 그런데 제가 경험했다시피 누군가 한마디만 해주어도 숨겨진 재능이 싹을 틔울 수 있습니다. 그게 바로 따뜻하고 진정한 말 한마디의 힘입니다.

사실 재능이란 특별한 능력이 아닌 익숙한 능력이라고 생각합니다. 내가 뭔가 남들보다 특별하게 잘하는 것이 아닌 나에게는 쉬운데 남들은 어려워하는 것입니다. 그래서 나에게 너무 익숙하기에 재능인 줄 모르고 넘어갈 수 있습니다. 특별하지 않고 평범해 보이기에 재능인지조차 모르는 것입니다.

나의 경우 어렸을 때부터 혼자 있는 것을 좋아했습니다. 이것이 재능인 줄은 성인이 되어서야 알았는데요. 저는 어릴 적 혼자 있으며 여러 공상을 했습니다. 머리 속에서 다른 나라도 여행하고 역사 속으로 탐험도 하고 우주여행도 다녔죠. 그렇게 하루종일 생각만 할 때도 있었습니다. 남들이 봤을 때는 속된 말로 '멍이나 때리는' 것일 테지만 나에게는 그 가만히 있는 것이 능력이었습니다.

그 재능은 성인이 된 후 글이 되고 기획안이 되고 제안서가 되고 강의안이 됐습니다. 이것이 현재 나와 내 가족을 먹여 살리니 재능이 아니라면 불가능하겠죠? 그러므로 우리 아이들에게 자꾸 특출난 걸 찾으려 하지 말고 평범해 보이지만 아이가 쉽게 하는 무언가를 찾아주고 격려해주는 것이 좋습니다.

그래서 저는 SNS를 할 때도 가급적 좋은 말만 하려 노력합니다. 말에도 생명력이 있다고 생각하기 때문입니다. 언어는 화자와 상관없이 흐르는 속성이 있습니다. 고정되어있는 식물이 바람에 씨앗을 실으면 그 씨앗은 또 다른 식물에 전달됩니다. 바로 그곳에서 꽃이 핍니다. 어디로 전달되는지는 누구도 알 수 없습니다. 그러나 놀랍게도 필요한 곳에서 생명력을 피웁니다. 소셜 네트워크는 일종의 바람입니다. 마찬가지로 필요한 사람에게 필요한 말이 전달됩니다. 우리가 좋은 말씨를 퍼트리면 필요한 누군가의 마음에 내려앉아 꽃이 필 것입니다.

언어는 또한 문화입니다. 가끔 제3의 한류는 어디에서 나올까 생각해봅니다. BTS, 〈기생충〉, 〈오징어게임〉 등 음악과 영상 콘텐츠 뒤를 이어줄 새로운 한류 아이템으로 무엇이 있을까요? 저는 문학이 될 것 같습니다. 문화는 결국 언어의 문제인데요. 우리 문화가 세계로 뻗어나가며 스펙트럼을 확장할수록 우리말을 배우려는 사람들이 늘어날 것이고, 그러다 보면 한국어를 사용하는 사람들이 많아질 테니 말입니다.

실제로 한국어를 사용하는 사람들이 점점 늘고 있습니다. 지난 2022년 프랑스에 있는 보르도 대학교의 한국어과 경쟁률은 35:1이었고, 2021년 독일의 카롤리눔 김나지움은 한국어를 의무 선택 과목으로 지정했습니다. 현재 반크가 전개하고 있는 세계 공용어 만들기가 꼭 허황된 비전이 아닌 이유도 한국 문화의 영향력으로 세계에서 한국어를 배우고 사랑하는 인구가 늘고 있기 때문입니다(현재 UN 국제 공용어는 영어, 중국어, 아랍어, 프랑스어, 러시아어, 스페인어 등이다). 따라서 여러 나라 사람이 한글에 관심을 두는 것은 우리 문학에 새로운 기회를 제공할 것입니다. 보고 듣고 즐기는 데서 나아가 읽는 사람들이 늘어날 테니까요. 우리 조상들이 타국어로 된 문헌과 책을 읽으면서 새로운 문물에 눈을 뜨고 사고를 발전시켰던 것과 같은 맥락입니다.

이탈리아의 인문주의자이자 시인인 프란체스코 페트라르카(Francesco Petrarca, 1304~1374) 역시 인문주의의 핵심을 언어라고 보았습니다. 그 뒤를 이은 언어문헌학자인 로렌초 발라(Lorenzo Valla, 1407~1457)는 "이 세계를 낱말과 사실의 상호작용"으로 파악했습니다. 구약성경의 천지창조 편에서도 우리는 신이 우주 만물에 이름을 붙이면서 존재를 명명하는 장면을 볼 수 있습니다. 그렇습니다. '언어는 곧 세계'입니다.

그러니, 우리가 말하는 세계관이란 결국 언어가 창출하는 기의

의 문제가 아닐까요? 그간 우리 문학은 높은 수준을 갖추었는데도 세계 문학계에서 정당한 평가를 받지 못했습니다. 우리 언어에 대한 세계인의 이해가 부족했던 탓입니다. 영어, 아랍어, 프랑스어, 라틴어 등 세계 각국 언어로 번역한다고 해도 우리말이 주는 특유의 '은유와 파편'을 다른 언어들이 온전히 담아낼 수 있을까요? 물론 거꾸로 생각해도 마찬가지입니다. 영어든 라틴어든 중국어든 우리말로 옮긴 글보다 원어 그대로 읽을 때 내용이 더 선명하게 들어오지 않습니까? 세계인들에게 우리나라의 영상과 음악이 통했던 점은 언어에서 발생하는 은유와 파편에 시각적인 효과를 더했기 때문입니다. 그런 점에서 우리말을 온전히 이해하고 쓸 수 있는 인구가 늘어난다는 것은 분명 새로운 기회가 될 것입니다.

Dr. 필로소피_열한 번째 솔루션

사람은 지시하는 대로 사고한다.
_루트비히 비트겐슈타인

생각하는 대로 말할까, 말하는 대로 생각할까

그런 점에서 우리는 '언어의 힘'을 돌아봐야 합니다. 언어가 곧 존재를 규정하기 때문입니다. 그래서 중요한 것은 타인의 행동이나 언어를 이해할 때 무엇보다 먼저 상황과 맥락을 파악해야 한다는 점입니다. 겉으로 드러난 행동과 언어 표현에 집착하다 보면 상황과 분절된 해석을 하게 마련입니다. 오해는 이런 과정에서 흔히 발생하죠. 모든 텍스트는 언제나 콘텍스트 안에 있는 법이니 말입니다.

하이데거의 철학에는 '현존재'라는 개념이 있습니다. 독일어로 현존재(Dasein)란 거기(Da) 있음(sein)을 뜻합니다. 특정한 공간성과 시간성 안에 있는 존재라는 의미죠.

그러므로 우리는 지나간 시간에 붙잡혀 있을 필요가 없습니다. 그때 그 존재는 이미 지나간 존재니까요. 저도 지난 세월 이 일 저 일 하는 동안 여러 타이틀을 지니게 되었습니다. 소위 스펙이라 말하죠. 하지만 그것은 이력일 뿐 그 자체로 현재의 나를 증명해 주지는 않습니다. 현존하는 나란 인간은 매 순간 나의 말과 행동에 의해서만 증명될 뿐입니다. 그러니 과거의 나보다는 오늘의 나에게 집중해야 합니다. 과거의 나는 어딘지 부족했을지 몰라도 오늘 나는 현존재 그대로 충분히 아름답게 존재할 수 있다는 뜻이 됩니다. 이런 인식이야말로 모든 존재자의 희망이 아닐까요? 나는 날마다 새롭게 태어나며 그 순간의 말과 행동으로 비로소 나로 존재할 수 있다니, 정말 멋지지 않습니까? 그러니 존재하는 것에 늦음이란 없습니다. 실존하는 인간은 시간성을 초월하기 때문입니다. 그것이 바로 현존재죠.

이런 인식은 타인을 이해할 때도 매우 유용합니다. 하이데거의 말대로 모든 개인은 특정한 시간과 공간 안에 현존하기 때문입니다. 즉 모든 존재는 특정한 상황과 맥락 안에 있는 것이지 모두가 다 똑같은 상황과 맥락 안에 있는 게 아닙니다. 예를 들어 '고맙다'라는 말은 감사의 표현이기도 하지만 특정한 상황과 맥락에 따라 불쾌함의 표현이거나 비아냥의 뜻이 되기도 합니다. '고맙다'라는 언어의 형식은 같지만, 그것이 내포하는 의미는 다르기 때문입니다.

얼마 전 지인에게 들은 이야기가 하나 떠오릅니다. 본인의 친구 중 한 사람은 펜트하우스에서 호화롭게 살고 있는데도 늘 불행하다고 말한다고 합니다. 지인은 그런 말을 들을 때 도무지 이해가 안 된다고 하더군요. 이런 경우 사람들은 보통 배가 불렀다는 표현을 쓰는데, 이것이 바로 텍스트만을 읽는 데서 발생하는 대표적인 오해입니다. 그 사람이 처한 상황과 맥락을 고려하지 않은 채 단순히 그가 가지고 있는 물질적 부유함이 모든 일을 무마해줄 거라고 믿는 거죠. 어쩌면 우리가 종종 말하듯 '돈만 있으면 되는데'라는 (나의) 상황 안에 타자의 처지를 대입한 것인지도 모릅니다.

그러나 이 판단은 나에게 속한 것입니다. 지금 나에게 물질적인 부유함이 가장 문제시되는 것이어서 나의 욕망으로 그의 문제를 해결하려 들기 때문입니다. 그러니 내가 볼 때 세상 부러울 것 없는 이가 왜 저렇게 불행해하는지 이해가 되지 않는 것입니다. 나의 세계 안에서 타자를 해석하는 것이지요. 사실 모든 이에게 '부' 자체가 행복의 기준은 아닐 겁니다. 그러니 누군가를 깊이 이해하고 싶다면 잠시 나의 세계를 내려놓고 타자의 세계 속으로 걸어 들어가야 합니다.

나의 세계 안에서 타자를 단순하게 해석할 때 우리는 오해에 휩싸이게 됩니다. 때로는 의도하지 못했던 불쾌함도 경험하게 될 테지요. 그러므로 우리는 나의 시공간과 타인의 시공간이 다르다는 것, 언어는 그 자체로 한계를 내포한다는 것을 자각해야 합니다. 진정한 소통이란 이럴 때 비로소 가능해집니다.

인간관계를 맺을 때도 마찬가지입니다. 타인의 현존재를 이해해야만 서로 깊은 관계로 발전할 수 있습니다. 특히 나의 상황과 맥락 안에서 타인의 처지를 판단하고 섣부르게 조언하는 것은 금해야 합니다. 저는 후배나 지인들이 면담을 요청할 때 그가 하는 말보다 말로 표현하지 못하는 이면을 살피려 노력합니다. 어떤 상황인지, 어떤 의도로 하는 말인지, 말로 하지 못하는 부분 즉 빙산 아래의 규모는 어떠한지 찬찬히 살핍니다. 물론 처음부터 이렇게 할 수 있었던 것은 아니에요. 하지만 이런 훈련을 다년간 하다 보니 사람을 그나마 제대로 이해할 수 있게 되었습니다. 타인의 언어와 행동에 그때그때 민감하게 반응하지 않게 되었고요. 가장 좋은 것은 나 자신의 마음 또한 보다 깊이 들여다볼 수 있게 되었다는 점입니다.

어떤 존재의 행동을 이해하려 할 때 하나의 프레임으로 판단하지 않는게 좋습니다. 누군가의 특정한 행동에는 여러 이유가 있게 마련입니다. 생존 욕구, 갖은 심리적인 기제들, 정치적 신념, 사회적 관계, 가치 체계, 종교적 믿음, 철학적 지향성 등 거의 모든 것이 매우 복잡하게 얽혀서 나타나는 것이 그 누군가의 말과 행동이기 때문입니다.

TV를 시청하다 보면, 분야 전문가라는 사람들이 나와서 자신의 잣대와 필터로 타인의 문제점들을 재단하는 모습을 종종 보게 됩니다. 심리학자는 인간의 심리를, 사회학자는 사회적 행동을, 경제학자는 경제적 욕구를, 성직자들은 신의 뜻을 잣대 삼아 말합니다. 이들의 이야기는 사람의 단면을 이해하는 데엔 도움이 됩니다. 그러나 아무리 전문가라 해도 그 사람 전체를 이해할 수는 없습니다. 이는 바다에 떠 있는 빙하만 보고 "빙하를 모두 보았다"라고 하는 것과 같습니다. 빙하의 절반은 바다 깊이 잠겨있습니다.

그 누구도 어떤 존재를 완벽하게 이해하는 것은 불가능합니다. 인간은 자기 자신도 이해하지 못하는 존재인데, 하물며 타인을 백 퍼센트 이해한다는 건 어불성설입니다. 그러니 누군가를 진실로 이해하고 싶다면 최대한 다양한 각도에서, 다양한 높낮이에서, 시간을 충분히 두고 바라보아야 할 것입니다. 그것이 한 인간을 존중하는 방식이자 존재에 대한 최선의 예의일 테니까요.

레바논 출신의 경제학자인 나심 니콜라스 탈레브(Nassim Nicholas Taleb, 1960~)는 "한 인간을 판단할 때 하나의 증거만으로 평가할 수는 없다"라고 말합니다. 그는 심지어 "인간의 행동 양식을 과학적 방식으로 수집한 객관적 데이터를 분석해 과학적 알고리즘으로 산출한다고 해도 100퍼센트 알 수 없다"고 말합니다. 특히 인간을 유형으로 분류할 때 이런 데이터 오류가 심각한 문제를 일으키는데요. 탈레브의 생각처럼 인간은 복잡계에 속하기 때문입니다. 복잡계란 무한대의 수가 뒤엉켜 도무지 풀리지 않는 것처럼 생각과 사고가 뒤엉켜 있는 것을 말합니다. 한 인간을 평가할 때 여러 면에서 보아야 한다고 말하는 것도 이 같은 맥락에서입니다. 그리고 바로 이런 특성 때문에 인간은 그 자체로 하나의 우주이며, 따라서 지구상에는 수십억 개의 우주가 존재하는 셈이 되는 것입니다. 그렇습니다. 존재는 복잡계입니다. 변수와 상수가 얽히고 얽혀 독특한 한 사람의 인생을 만듭니다. 사실 여기에 특별한 공식 같은 건 없습니다. 실존하는 한 사람의 인간은 고정된 그 무엇이 아닌, 끊임없이 사유하고 움직이는 존재이기 때문입니다. 우리가 칭송하는 소위 영웅이란 사람들도 마찬가지입니다.

전기 작가 월터 아이작슨(Walter Isaacson, 1952~)이 쓴 《스티브 잡스》라는 책이 있습니다. 현재 지구상에 존재하는 사람 중 스티브 잡스란 이름을 모르는 이는 없을 텐데요. 그만큼 잡스는 위대한 혁신가이자 사업가로서 확실한 이미지를 구축한 사람입니다. 그런데 정작 이 책에는 화려한 IT기업의 CEO가 아닌 한 인간이 기록되어 있습니다. 죽음에 직면하여 자신의 삶을 반추하는 연약한 남자, 부모에게 버려진 아픔과 열등감, 자신의 딸이 분명한데도 끝까지 부인했던 비겁한 남자, 마약에 찌들어 허덕대었던 청년, 자신이 생각한 바를 이루고자 주변 사람 모두를 힘들게 하고 고통스럽게 만들었던 인간, 비뚤어진 욕망과 갈등, 혁신을 향한 그칠 줄 모르는 열정 등 모든 것이 고스란히 드러납니다. 그 모든 것의 종합이 바로 인간 잡스인 셈인데요. 전기 《스티브 잡스》는 세상에 완벽한 영웅은 없다는 것을, 그저 의지가 남다른 한 인간만이 있을 뿐임을 잘 보여줍니다.

우리는 보통 누군가를 추종하게 되면 그의 좋은 면만을 보려고 노력합니다. 좋지 않은 모습은 애써 부정하고 못 본 척합니다. 이런 행동은 인간에 대한 지독한 위선만을 부추길 뿐 긍정적인 결과를 만들어내지 못합니다. 어떤 사람에게든 빛과 그림자가 모두 존재하게 마련이니까요. 세상에는 완벽한 인간도 철인도 존재하지 않습니다. 만일 여러분이 누군가를 그렇게 여기고 있다면 그것은 여러분이 만들어낸 이미지일 뿐, 그 사람의 실체는 아닙니다. 그리고 우리가 누군가를 '이미지화'할 때 가장 큰 영향력을 행사하는 것이 바로 언어입니다. 한 존재의 삶을 읽을 때 맥락을 좇아야 하듯, 우리가 늘 사용하는 언어에서도 맥락을 살펴야 합니다. 맥락이 없는 언어란 단순한 표식이거나 그림일 뿐이고, 바로 이런 데서 오해와 오류가 발생하곤 합니다.

요즈음은 특히 1인 미디어에서 그런 오류들을 자주 발견하게 됩니다. 가장 흔하게 나타나는 것은 언어의 분절 현상입니다. 어떤 내용의 앞뒤를 자르거나 말을 쪼개어 맥락을 끊어버림으로써 본질을 알 수 없게 만드는 것인데요. 주로 자신의 주장에 힘을 싣는 수단으로 활용하는 방법입니다. 문제는 언어에서 맥락을 제거한 순간 언어가 제 기능을 잃는다는 점입니다. 이를테면 날치기범을 따라가 그가 훔친 가방을 빼앗는 용감한 시민의 행동이 앞뒤 다 자르고 보면 역으로 강도처럼 여겨지는 역전 현상처럼 말입니다.

언어도 마찬가지죠. 발화자는 맞게 이야기했는데 동시에 다른 말을 한 듯 받아들여지는 이상한 딜레마에 봉착하게 되는 것입니다. 이렇게 탈맥락화된 정보는 오해를 양산할 뿐입니다. 더 심각한 문제는 그 과정에서 불필요한 사회적 갈등이 증가한다는 점입니다. 우리가 흔히 가짜뉴스의 폐해라고 여기는 것들인데요. 따라서 언어 정보를 소비할 때는 해석에 의도적인 오류는 없는지, 맥락은 분명한지, 분절적으로 사용된 것은 아닌지 등등 꼼꼼히 살펴야 합니다.

언어는 또한 상대에 대한 존중을 담아야 합니다. 화자의 생각이

나 마음을 언어에 온전히 담을 수 없기에 조심스럽게 접근해야 한다는 뜻입니다. 그런 점에서 우리 언어의 존댓말은 참 대단한 것이라고 보아야 합니다. 존댓말은 타자를 감싸고 존중하는 표현으로서 차별과 혐오가 없는 월등한 언어입니다. 매우 민주적인 언어이기도 합니다. 예를 들어 영국에서는 계층에 따라 사용하는 영어에 차이가 있습니다. 노동자들 간에 사용하는 영어를 화이트칼라 종사직이 잘 못 알아들을 정도지요. 그뿐인가요? 현대 이전의 영국에서는 귀족들에겐 프랑스어가, 일반 민중에겐 영어가 상용어였습니다. 즉 언어에 뿌리 깊은 차별이 내재해 있던 겁니다. 우리의 존댓말은 다릅니다. 나이에 따라 지위에 따라 성별에 따라 세분화하지 않았기에 본질상 차별이 없습니다. 모두에게 평등합니다. 이것이 바로 우리말의 위대함입니다.

그러나 반말을 함부로 사용하면 그 '결'이 깨지고 맙니다. 제가 누구를 만나든 반드시 '존대'를 하는 이유입니다. 저는 특히 나이가 어릴수록 꼭 존대하고 아무리 친해져도 말을 쉽게 놓지 않습니다. 최소 1년 이상 교제하고, 서로에게 언어의 예의가 무의미해질 때 비로소 말을 편하게 합니다. 나의 화법이 그 사람의 존재를 높일 수도 낮출 수도 있기 때문입니다. 저는 심지어 아들한테도 존댓말을 합니다. 평소 반말을 하게 되면 훈계하거나 혼내야 할 때 더 험한 말이 나가기 때문입니다. 하지만 평소에 존대하면 정말 화가 났을 때 반말을 하는 정도만으로도 아이는 '우리 아빠가 무척 화났구나'라고 생각합니다. 덕분에 아이는 자연스럽게 예의를 갖추게 되었고, 모든 이에게 존대하게 되었습니다. 자신이 존중받으면 타인도 존중할 수 있는 법이니까요. '언어는 존재의 집'이자 '생각의 거울'이라는 말에 동의할 수밖에 없는 배경입니다.

Dr. 필로소피_열두 번째 솔루션

언어는 존재의 집이다.

_마르틴 하이데거

아무 일도 하지 않으면,
아무 일도 일어나지 않는다

누군가와 나를 비교할 때 불행이 싹틉니다. 세상에 필요하지 않은 존재란 없습니다. 하이데거가 "우리는 공동으로 존재한다"고 이야기한 것도 이런 맥락에서죠. 마찬가지로 우리는 늘 누군가의 도움 아래 살아갑니다. 이는 현대 분업사회의 커다란 특징이기도 합니다.

저의 지인 중 한 분은 평생을 운전과 배달노동자로 사셨습니다. 어느 날 그분은 식사 도중 "젊었을 때 공부 좀 할 걸 그랬어"라면서 후회된다고 말씀하셨습니다. 저는 그렇게 생각하지 말라고, 공부 잘하는 게 도덕의 기준도 아니고 절대선도 아닌데 왜 그러시냐고 대답했습니다. 제가 이렇게 확신하는 것은 사회를 하나의 유기체로 보기 때문입니다. 우리에겐 의사나 변호사도 필요하지만, 배달노동자와 택시 운전사와 수리공도 필요합니다. 어느 것 하나라도 사라진다면 불편은 남은 사람들의 몫이 되겠지요. 즉 모든 직업은 저마다의 가치를 지닙니다.

저는 모든 이가 각자의 재능으로 사회에 이바지할 때 건강한 시스템을 만들 수 있다고 생각합니다. 진심입니다. 그러므로 바로잡아야 하는 것은 사회적 편견이지 꿈의 방향을 모두가 의사나 판검사로 돌리는 것이 아닙니다. 저는 아이에게 어떤 특정한 일을 하라고 강요하지 않습니다. 명문대학에 진학하라고 다그치지도 않습니다. 저는 다만 아이가 자라서 누군가에게 필요한 일을 하길 바랄 뿐이고, 그 일을 통해 아이 스스로 만족하고 행복하게 살아가기를 바랄 뿐입니다.

사람을 불행하게 만드는 것은 상대적 비교와 편견이지 그 사람이 가진 직업 그 자체가 아닙니다. 만일 아직도 이런 생각을 가진 분이 있다면, 그래서 종종 자괴감을 느끼고 불행을 느끼신다면, 여러분은 사회가 만들어낸 시선에 속고 있는 것입니다. 바로 잘못된 성공 프레임인데요. 이렇게 비뚤어진 기호들은 사람의 인식을 스테레오 타입으로 몰아가는 데 능숙합니다. 너무나 추상적이어서 실체가 거의 없는 '성공'과 '행복'이라는 말을 던져 놓고는 프레임을 씌우고 경쟁을 부추깁니다. 어린 학생들에게도 덫 씌우기는 여전합니다.

북유럽 아이들 가운데엔 고등학교에서 원예와 기술을 배운 뒤 일찌감치 자립하는 경우가 많다고 합니다. 청소년들이 선망하는 직업 중에 정원사가 늘 상위를 차지한다는 조사 결과도 흥미롭습니다. 어떻게 이런 문화가 가능할까요? 그들 사회가 직업으로 사람을 차별하지 않도록 가르치고, 직업이나 직위로 사람을 비교하지 못하게 하기 때문입니다. 제가 좋아하는 가수인 루시드폴은 서울대를 나와 스위스 로잔대학에서 공부한 공학박사이지만 현재 '노래하는 감귤농부'로 살고 있습니다. 가끔 그에게 "그 좋은 머리로 왜 그런 걸 하고 있느냐"고 묻는 사람들이 있습니다. 그런 그들에게 저는 이렇게 이야기해주고 싶어요. "당신은 감귤 안 먹어요?"

정말 중요한 것은 자신의 삶에 스스로 의미를 부여하는 일입니다. 예술작품을 해석하는 세 가지 관점이 있습니다. 첫 번째는 예술가 관점입니다. 작품을 볼 때 예술가가 어떤 의미에서 어떤 목적성을 가지고 작품을 만들었는지 파악하는 것입니다. 이것을 정확하게 읽어내는 것이 제대로 작품을 감상하는 방법이라는 주장이죠. 두 번째는 작품 자체의 관점입니다. 작품 그 자체에 몰입해야 제대로 감상할 수 있다는 입장인데요. 작품에 예술가의 삶을 지나치게 투영하면 살아있는 작품을 온전히 볼 수 없다는 게 이 주장의 근거입니다. 가령 예술가가 사회주의자라면 작품을 무언가 저항적 관점에서 보게 된다는 것입니다. 이런 방향은 작품 전체에 대한 편견으로 흐를 수 있고 그러면 자연스레 작품의 실존성이 훼손된다는 주장이죠. 따라서 어떤 작품이든 작가의 삶을 배제해야 작품 자체를 온전히 받아들일 수 있다고 강조합니다. 마지막 관점은 수용자 관점입니다. 작품을 감상하는 수용자의 심미적 느낌과 쾌감에 따라 작품에 현존성이 부여된다는 입장이죠. 결국 작품을 소구하는 이는 감상자 그 자신이므로 그것을 해석하는 지향성 안에서 작품의 의미가 달라진다는 관점입니다.

저는 세 번째 관점을 지지하는 편입니다. 우리의 삶도 마찬가지라고 생각합니다. 내게 주어진 세계는 내가 살아갈 세계이고 내가 보는 세계입니다. 나의 의식적 경향성과 사유의 지평만큼, 딱 그만큼이 나의 세계입니다. 모두에게 완벽히 객관적인 세계란 존재할 수 없습니다. 그러니, 나의 삶을 다른 사람의 기준에 맞출 필요가 없지요. 인생은 프로크루테스의 침대가 아닌데 말입니다.

인생에는 정답도 없습니다. 정말 그렇습니다. 영화 〈매트릭스〉에서 주인공 네오는 마지막에 하늘을 날아갑니다. 그가 통찰한 내적 세계만큼 주위 환경이 함께 움직인 것입니다. 옛 인도철학에서 이야기하는 범아일여(梵我一如), 불교에서 말하는 일체유심조(一切唯心造), 그리고 소크라테스가 말한 "너 자신을 알라"에 이르기까지 인류 역사를 빛낸 현자들은 세계에 대한 이해만큼이나 나 자신에 대한 이해를 중시했습니다.

칸트 역시 《순수이성비판》을 통해 세계에 대한 검증 이전에 나 자신의 인식을 먼저 검증하길 권고합니다. 즉 지금 나에게 닥친 상황에만 지나치게 매몰되면 우리는 그저 객체로서 살아가게 됩니다. 어차피 나의 인생이란 누군가가 대신 살아줄 수 없는 나만의 세계입니다. 그것을 움직일 수 있는 주체 또한 결국 나 자신뿐입니다. 이 진리를 깨달은 사람들의 특징은 남의 시선에 별로 신경을 쓰지 않는다는 점입니다. 자기를 평가할 수 있는 사람은 오직 자기 자신밖에 없으니까요. 즉 자기 기준이 높고 자기 강화가 강한 사람들인데요. 이런 종류의 사람들은 스스로를 돌이켜보면서 늘 자신의 기준이 자신의 만족을 향해 잘 달리고 있는지 점검할 뿐입니다. 그래서 건방지고 오만한 게 아니라 겸손하고 절제하며 스스로에게 엄격합니다. 누군가의 시선이나 잣대가 아니라 스스로의 평가를 가장 우선시하기 때문입니다.

사회적 시선에만 충실한 사람을 만나면 솔직히 편하긴 합니다. 부담도 없습니다. 그러나 헤어지고 딱 1분 지나면 그의 존재는 머리에서 지워집니다. 모범적인 복제품을 하나 더 본 듯한 느낌밖에 남는 게 없습니다. 이들은 사실 정해진 코스를 벗어나지 않는 삶, 사실상 구속 상태에 있는 수동적인 삶을 살고 있습니다. 그러니 타인의 기억에 남을 이유가 없지요.

그러나 누군가에게 깊은 인상을 남긴다는 것은 전혀 다른 차원입니다. 그것은 나의 실존이 그에게 닿는 것이고, 나로 인해 어떠한 현상이 드러나고 있는 것입니다. 이탈, 변용, 창조는 실존적 인간의 존재성을 표상합니다. 때론 야수 같은 의지로 나를 둘러싼 부조리에 저항하는 것, 편견과 비난 앞에 두려워하지 않는 것, 세계 앞에 단독자로 서는 것, 자유의지를 천명하는 것, 그것이 바로 실존하는 인간의 정체성입니다.

다만 무슨 일을 성취하고 싶다면 반드시 그에 합당한 행동을 해야 합니다. "아무 일도 하지 않으면, 아무 일도 일어나지 않는다"라는 말이 있죠? 라이프니츠는 이를 '충족이유율'이라는 개념으로 설명합니다. 어떤 일이 일어나려면 이에 대한 충분한 이유가 있어야 한다는 뜻인데요. 무엇이든 존재하는 것은 모두 그 존재의 충분한 이유와 근거[25]를 가져야 한다는 말과도 같습니다. 다른 말로 '충분근거율'이라고도 합니다. 세상일이 거의 우연처럼 보인다고 해도 절대 그렇지 않은 것은 그 모든 게 누군가의 의지와 그 에너지의 방향성, 그리고 정신의 지향성에 따라 펼쳐졌기 때문입니다. 누군가를 우연히 만났을 때, 그 만남은 정말 100퍼센트 우연에 의한 것일까요? 그렇지 않습니다. 여러분의 방향성이 여러분을 그곳으로 인도했기 때문입니다. 만나야 할 사람은 반드시 만나게 된다는 것은 그런 이유에서죠. 그러므로 좋은 사람을 만나고 좋은 성취를 이루고 싶다면 그에 '합당한 근거'를 마련해야 합니다. 이때 합당한 근거란 바로 오늘 내가 한 행동이 되겠지요. 이렇게 하루하루 일기를 쓰듯이 작은 행동부터 하는 게 좋습니다. 그것이 목표를 이루는 이유가 되기 때문입니다. 충분한 이유가 쌓이면 인과법칙에 따라 원하는 결과를 얻게 됩니다. 이것이 성취입니다.

Dr. 필로소피_열세 번째 솔루션

위대한 인간은 가장 능력 있는 자와
자신을 비교하는 경우를 제외하고는
남과 자신을 비교하려 들지 않는다.

_토마스 홉스

3장

성장: 지성론
지혜를 더해주는 철학

아메데오 모딜리아니,
〈잔느 에부테른의 초상화〉, 1918

2014년 솔솔 비가 오는 흐리지만 따뜻한 어느 날, 남자는 도서관에 앉아 공부에 열중하고 있다. 얼마 전부터 대학원을 다니고 있기 때문이다. 그는 이제 더는 불안감 따위에는 시달리지 않게 됐다. 세상을 다르게 보는 법도 배웠다. 장기하와 얼굴들의 노래 〈부럽지가 않아〉의 주사랩처럼 더는 누군가의 삶이 부럽지도 않다. '나는 나'다. 그렇다. 근자감이 높아진 것이다. "그러면 뭐 어때?" 남자는 내가 만족하고 행복하면 그것으로 충분하다고 생각한다. 남자는 새로운 일을 준비하기 위해 매우 의욕적으로 변했다. 그간 놀고먹던 세월을 반성하고 있었다. 그러기 위해선 전문성이 필요했다. 남자는 자신의 두 번째 책을 쓰고 있다. 공부가 필요하다는 것을 절감했다. 남자는 수업 없는 시간에 도서관에 앉아 책과 씨름했다.

공부를 하면 할수록 너무 모르는 게 많았다. 남자는 나름 잘나가는 컨설턴트이자 강사이다. 유명 대학과 기업에서도 특강 요청이 지속된다. 그러나 그럴수록 확신이 떨어진다. "내가 하는 말이 정말 맞을까?" "혹시 잘못된 지식을 전달하고 있는 것은 아닐까?" 남자는 자신을 치열하게 의심 중이다. 옛날에는 없었던 습관이다. 남자는 자신이 세상에서 가장 똑똑하다고 생각했던 시절이 있었다. 그렇게 성공의 문턱에서 불안이라는 산적 같은 놈을 만났다. 주머니까지 탈탈 털리고 말았다. 그때 남자는 깨달았다.

"내가 알고 있던 지식이 정작 나 하나를 지켜주지 못하다니."

이제 다시 남자는 빈손으로 시작한다. 오늘도 닥터 필로소피를 찾았다. 그는 남자에게 이렇게 말한다. "너는 그간 지식을 이용했구나" "오로지 지식을 먹고살기 위해 배웠구나" "지식으로 자랑이나 하려고 말이야" "그래서 지식이 너에게 독이 되었구나"

닥터 필로소피가 팩트 폭격을 날린다. 남자는 속이 부글부글 끓었지만 참았다. 맞는 말이기 때문이다. 그러나 남자는 이렇게 반격한다. "모르는 걸 어떡해?" 이제야 남자는 진짜 지식을 얻을 출발선에 선 것이다.

죽음을 체험한 사람들, 즉 심장이 멈추었다 다시 뜀을 경험한 임사 체험자들이 공통으로 보여주는 행동 패턴이 있다고 합니다. 첫 번째는 공부를 열심히 하는 것이고, 두 번째는 이타적인 삶을 산다는 것입니다.

이 두 가지는 수많은 종교, 철학, 사상에서 강조하는 것으로 표현 방법은 저마다 다르지만 본질은 같습니다. 바로 '깨어있음' '깨달음' '성찰' '서로 사랑하라'는 핵심을 지닌다는 것입니다. 그러므로 우리가 던져야 할 삶의 진짜 질문은 이렇게 정리할 수 있습니다. 즉 "나는 얼마나 알고 있는가?" "얼마나 사랑하고 있는가?"라는 것인데요, 한마디로 '지와 사랑'입니다. 이것이야말로 우리의 정신이 나가야 할 목적지라고 생각합니다.

철학을 공부하면 참 좋은 점이 있습니다. 첫째, 인간의 사고구조를 파악할 수 있게 된다는 점입니다. 둘째, 무엇이든 입체적으로 생각하게 된다는 점입니다. 셋째, 내가 알고 있는 지식의 한계를 자꾸 넘어서게 된다는 점입니다.

실용 사회를 살아가는 현대인들은 형이상학을 종종 무시하지만 우리가 알고 있는 지식은 우주적 현상의 1퍼센트도 되지 않습니다. 우리는 고작해야 그 1퍼센트 안에서 서로 옳다고 싸우고 적대시하고 투쟁하는 것이지요. 철학을 공부하면 세계관이 넓어지고 머리와 마음이 깨어 자연스럽게 겸손해집니다. 타인의 생각을 존중할 수 있게 됩니다. 만일 '철학한다'고 하면서 자기만 옳다고 주장하는 사람이 있다면 그는 철학을 제대로 공부한 게 아닙니다.

과학으로 알 수 있는 현실 세계는 우리에게 분명 이익을 주지만 근원에 대한 존재론적 불안을 해결해주지는 못합니다. 철학 역시 근원에 대한 해답을 속 시원하게 알려주지는 않습니다. 그러나 현실 너머를 볼 수 있는 작은 빛을 발견하도록 안내하는데요. 별것 아닌 듯해 보여도 실은 엄청난 역할을 하는 겁니다. 코스대로 얌전히 운전하던 운전자에게 궤도를 이탈할 수 있는 인생의 혁명적인 기회를 제공해주니 말입니다. 영화 〈설국열차〉에서 송강호 배우가 한 말을 떠올려보세요. 그는 이렇게 말합니다; "그냥 여기서 나가면 돼!"

인간은 지구상에서 유일하게 지적 욕구를 가진 생명체입니다. 그 욕구 덕분에 문명을 발전시키고 세상을 이롭게 변화시킬 수 있었죠. 또한 끊임없이 탐구하여 스스로의 삶을 더욱더 풍요롭게 만들었습니다. 철학자면서 수학자였던 버트런드 러셀은 어렸을 때부터 자살 충동에 시달렸다고 합니다. 그런데 내일 풀어야 할 수학 문제의 정답이 너무나 궁금해서 삶을 이어갔다고 하죠. 그는 늘 "저것만 풀고 죽자"라고 생각했다고 합니다. 러셀은 이렇게 세계적인 철학자이자 수학자가 되었고, 98세로 생을 마감했습니다. 일상의 권태를 이기게 해주는 가장 좋은 처방은 호기심입니다. 호기심이 없는 사람에게 삶은 재미없고 무료할 뿐입니다.

그래서 버트런드 러셀은 "무지는 고통을 초래하지만, 지식은 행복을 가져다준다"고 했습니다. 제가 끊임없이 공부하는 이유도 바로 행복지기 위해서입니다.

저는 궁금한 게 너무 많아서 오래 살고 싶습니다. 아직 읽지 못한 고전이 수백 권이고, 하고 싶은 공부도 너무 많아요. 죽기 전에 최대한 많은 걸 알고 죽고 싶습니다. 그러려면 오래 살아야 합니다. 그래서 오늘도 읽어야 할 책을 보면 가슴이 설렙니다. 새로운 분야를 탐구한다는 것은 마치 우주를 유영하는 것 같습니다. 고대의 지식은 오직 가진 자만이 누릴 수 있는 특권이었고(고대 그리스에서는 소유한 책이 몇 권인가로 부를 가늠했다고 합니다), 한때 책은 전리품이기도 했지만, 이제는 누구나 그런 특권을 누릴 수 있는 세상입니다. 인류에게 전례가 없었던 시기를 살고 있는 터에 이런 기회를 놓치는 건 정말 바보 같은 일 아닐까요?

저는 고전을 즐겨 읽습니다. 아무리 지루하고 어려운 책이라도 날짜를 정해놓고 끝까지 읽는 습관을 길렀는데요. 고전에는 그저 몇 가지 성찰이 들어있는 게 아니라 한 사람의 인생이 들어있습니다. 짧게는 몇 개월의 인생, 길게는 반백년의 인생이 말입니다. 한 사람의 평생을 이해하는 데 에너지와 시간이 드는 건 당연한 것 아니겠어요?

이 같은 독서를 통해 우리는 누군가의 인생을 자신의 것으로 수렴합니다. 데카르트는 "모든 양서의 독서는, 그 책의 저자들이었던 지난 세기의 가장 교양있는 사람들과의 대화와 같다"[26] 말합니다. 그러므로 백 권의 책을 읽었다면 백 명, 천 권의 책을 읽었다면 천 명의 인생을 내 것으로 만들 수 있는 것입니다. 결국 이는 온 우주에 흩어진 진리의 실마리를 탐색해가는 과정이기도 합니다. 고되고 힘들 수밖에요. 하지만 이 과정을 통해 우리는 생각의 지평을 넓히고, 우리의 인생을 보다 풍요롭게 할 지혜와 지식을 얻습니다.

쇼펜하우어는 "단순한 유흥과 쾌락은 잠깐의 만족을 주지만 이는 거지의 적선 같은 것"이라고 말했습니다. 그런 쾌락은 충족되는 즉시 또 다른 목마름에 시달리게 하는 탓입니다. 이에 비해 '지'는 보다 높은 차원의 만족과 아름다운 쾌락을 안겨줍니다. 배움은 그래서 중요한 것입니다. 진정한 배움은 무언가를 단순히 알기 위해서가 아니라 삶을 지속할 강렬한 호기심을 충족하기 위해서 일어날 때 가능합니다.

공부는 나의 존재를 이해하는 것에서부터 출발합니다. '나'는 정말 '나'라는 존재를 온전히 이해하고 있을까요? 대다수는 그렇지 못합니다. 우리 모두에게 자기를 알아가고 이해하는 공부가 필요한 까닭이죠. 알 수 없는 불안과 혼돈 속에서 나를 지켜낼 수 있는 좋은 방법은 그 원인을 이해하는 것인데요. 이때 가장 효과적인 자기 이해 방식이 바로 자신의 내면을 탐구하는 것입니다. 특히 나의 내면에 도사린 무의식을 탐구하는 것이 중요합니다.

우리는 흔히 나 자신을 잘 안다고 생각하지만, 실제로는 전혀 그렇지 않습니다. 진짜 자아는 대개 의식 너머의 세계에 감추어져 있거든요. 그러므로 나를 알아간다는 것은 곧 평소 나의 페르소나

(가면)에 의해 철저히 감추어져 있던 '진짜 나'를 발견하는 과정입니다. 프로이트에 따르면 무의식이 가장 활발하게 각성하는 순간이 '램수면'에 빠져 있을 때라고 합니다. 꿈으로 발현되는 상징과 이미지들이 바로 무의식의 발현이라는 뜻이지요. 프로이트는 그런 상징과 이미지들을 이해하는 것만으로도 우리가 진정으로 욕망하는 것이 무엇인지 이해할 수 있다고 말합니다. 그래서 저는 요즘 꿈일기를 쓰고 한편으로 관련 서적을 탐독하고 있습니다.

이 모든 것은 '나 자신을 이해'하기 위해서입니다. 사유란 나로부터 출발하기 때문입니다. 땅의 성질을 모르고 씨앗을 뿌리면 농사에 실패할 수밖에 없습니다. 지식도 이와 같습니다. 나 자신을 먼저 이해하지 못하고는 뿌리 깊게 성장할 수 없는 법입니다. 그러므로 지식이란 나를 먼저 이해하는 데서 출발합니다.

나를 이해하는 데 반드시 수반되어야 하는 것은 생각하는 습관입니다. 공부도 단순히 기능을 위한 학습이 아닌 삶의 교양을 함양하고 나 자신을 지킬 수 있는 학습이어야 합니다. 그 시작은 '사유하는 습관'입니다. 사유하는 습관은 무엇보다 세상의 다양한 지식을 내 안에 수렴함으로써 나를 더욱 강건하게 해줍니다. 이러한 사유하는 습관은 단순히 좋은 직업을 얻기 위해서라거나 돈을 벌기 위해서 갈고닦는 전문적 지식이 아니라 내 삶이 위기에 처할 때마다 나를 지켜주는 가장 든든한 힘이 되어줍니다.

사람들은 사양 좋은 컴퓨터를 갖고 싶어만 하지 이것이 어떻게 작동하는가에 대해서는 보통 무관심합니다. 크고 화질 좋은 티비는 갖고 싶어 하지만, 이 또한 어떤 원리로 가능한가에 대해서는 무관심하죠. 멋지고 비싼 자동차에 몸을 싣고 드라이브를 하는 상상은 늘 하지만 자동차가 어떻게 나를 태우고 달릴 수 있는지에 역시 무관심합니다. 이렇듯 우리의 습관은 주어진 것을 어떻게 즐길지에만 신경이 쏠려 있습니다. 그러나 이것을 넘어 내가 왜 이것을 갈구하는지 그리고 그것이 어떻게 가능한지를 질문하는 것이 사유의 시작입니다. 그것이 가능한 이유와 그것을 좋아하는 나를 동시에 생각해보는 것입니다. 상호 교환하는 세상과 나를 이해하는 것이 사유의 시작입니다. 객관적인 세상과 주관적인 나의 인식 사이의 관계를 추적하는 것이 바로 '앎'입니다.

그렇다면 '앎'이란 어디에서부터 시작되어야 할까요? 바로 '내가 모르고 있다는 것을 아는 것'에서부터 시작합니다.

내가 아는 것은 오직 '모른다'는 것뿐

철학의 아버지 소크라테스(Socrates, BC 470년~BC 399년)는 길을 지나다 말고 갑자기 몇 시간씩 서서 생각에 잠겼다고 합니다. 눈이 오든 비가 오든 말이지요. 사람들은 그런 행동을 기행이라고 여겼지만, 사실 그는 생각하는 데 몰두해 있었을 뿐입니다. 사람들은 대개 지혜로운 사람이란 책을 많이 읽으며 아는 게 많은 사람이라고 생각하는데, 그런 사람은 지식이 많은 사람이지 그 자체로 지혜롭다고 말하기는 어렵습니다.

제가 생각하는 지혜로운 사람이란 아는 게 많은 사람이 아닌 '깊이 생각할 줄 아는 사람'입니다. 아인슈타인은 어렸을 때부터 빛에 대해서 깊이 생각했다고 합니다. 그는 학창 시절 빛을 타고 우주를 여행하는 상상을 많이 했다[27]라고 하는데요. 그런 상상은 광속에 대한 깊은 생각으로 안내했습니다. 그것이 그가 성인이 된 후 상대성 이론이라는 위대한 과학적 업적을 이룬 시작이 되었죠.

이렇듯 깊이 생각한다는 것은 고도의 지적인 사유로 나아가는 방법입니다.

알려진 바에 따르면 아인슈타인은 세 살 때까지 말을 하지 못했다고 합니다. 이후에도 또래보다 떨어지는 어눌한 말로 그의 부모는 걱정이 컸다고 합니다. 이른 나이에 사망한 그의 부친은 그가 열등생이라 생각하고 눈을 감았습니다. 그는 어눌한 말과 자폐성 증상 때문에 친구들 사이에서도 왕따였습니다. 아인슈타인은 학창 시절 암기식 공부법을 극도로 싫어했다고 합니다. 질문하지 않는 학교에서 질식할 것 같다는 말을 남기기도 했습니다.

그런 아인슈타인은 남들이 공부할 때 공상에 잠겨있었는데 그때 주로 했던 공상이 빛을 타고 여행하는 것이었습니다. 현대 물리학자들은 입을 모아 아인슈타인의 천재성을 말할 때 남들보다 뛰어난 계산 실력이나 수학적 지능이 아닌 '이미지네이션', 즉 머리 속에 그림을 그리는 능력이라 말합니다. 바로 상상력이죠. 그에게 수학과 물리학은 그 자체가 목적이 아닌 상상을 현실화시키는 도구였습니다. 상상 속 의문을 풀기 위해 수학과 물리학에 몰입하기 시작한 이 어눌한 아이는 열여덟 살 때 첫 과학 논문을 집필합니다. 그리고 결국 그는 빛을 타고 다니는 자신의 상상을 상대성 이론으로 증명하며 과학의 패러다임을 바꿉니다.

깊이 생각할 줄 알면 어떤 상황에서도 현명한 결정을 내릴 수 있는 사람이 됩니다. 그런 사람에게 지식은 단지 본인의 판단을 하는데 도움이 되는 레퍼런스, 즉 참고 사항에 불과합니다. 아인슈타인이 물리학에 대한 지식을 본격적으로 찾아보기 전에 먼저 빛에 대한 상상에 푹 빠졌던 것처럼 말이죠.

만일 여러분에게 '저렇게 똑똑한 사람이 왜 그랬을까?' 하는 의구심이 든다면 오직 그의 지식(외피)만을 보았기 때문입니다. 학벌이 좋으니 현명할 거라는 생각은 우리의 가장 흔한 착각 중 하나입니다. 아이들에게 책만 읽게 하는 데서 더 나아가 '스스로 생각하는 법'을 함께 안내해야 하는 이유입니다. 자신의 생각을 쌓아가고 다듬어가지 않은 채 공부만 한 사람은 위험합니다.

철학자 중 '지혜'라는 단어를 연상할 때 가장 먼저 떠오르는 이는 소크라테스입니다. 철학이라는 단어 역시 고대 그리스어의 필로소피아(φιλοσοφία, 지혜에 대한 사랑)에서 유래했습니다. 사실상 철학사의 문을 연 인물인 소크라테스의 철학을 한마디로 압축하면 '지혜에 대한 사랑'입니다. 그는 지혜를 이렇게 정의합니다. "내가 모른다는 것을 아는 것"이라고요. 그것이 바로 여전히 회자되는 '무지의 지'라는 소크라테스의 '안다'는 것의 개념입니다. 소크라테스에 의하면 진정 미련한 사람이란 자신이 모른다는 것을 모르는 사람입니다.

사실 우리는 우리의 근원을 알지 못합니다. 우리가 왜 태어났는지, 어디에서 왔는지, 어디로 가는지 말입니다. 물론 종교적 믿음 아래 그 의미들을 찾아볼 수는 있겠지만, 어디까지나 '개인의 믿음'에 한정됩니다. 과학도 마찬가지예요. 흔히 합리적이고 사실적이라고 여겨져 의심할 게 없는 것 같지만 우리는 정작 그 '사실 너머'의 것은 알지 못합니다. 우리가 보는 것은 현상일 뿐, 그 현상이 무엇을 이야기하고자 하는지는 알 수 없습니다. 1927년 과학자들은 우주가 빅뱅을 통해 탄생했다는 것을 밝혔습니다. 그러나 빅뱅이 일어난 원리는 설명할 수 있어도 그것이 왜 필요했는지 지금까지도 설명하지 못합니다. 우주는 무엇을 이루기 위해 빅뱅이란 사건을 일으킨 걸까요?

우리의 지식이란 이렇듯 현상 안에 가두어져 있습니다. 지혜는 이 같은 현상 너머를 보고 삶의 의미를 재해석해가는 과정입니다. 그리고 그것에 의미를 부여하는 과정입니다.

그런데 현상과 원리에 가치를 부여하는 것은 인간입니다. 과학과 기술은 그 자체로 정의도 윤리도 아닙니다. 지구가 태양 주변을 도는 것은 그 자체로 정의로운 일이라거나 윤리적인 일이라거나 평가를 매길 수 없는 하나의 현상입니다. 그냥 우주의 중력에 따라 움직일 뿐입니다. 여기에 의미를 부여하고 이야기를 만들고 정의를 부여하고 정당성을 심는 건 결국 인간입니다. 과학기술도 마찬가지입니다. 그 자체로 그것은 하나의 현상을 발견한 것뿐입니다. 그것을 정의롭게 활용하는 것은 인간의 몫입니다.

우리는 지식 앞에서 겸손해져야 합니다. 다 아는 것 같아도 정작 중요한 것을 알지 못하니까요. 솔직히 이 드넓은 우주가 품은 정보의 1퍼센트도 우리는 아직 정확히 알지 못하지 않습니까? 그러니 자신의 무지를 인정하는 것부터 '지혜의 시작'으로 보아야 할 겁니다. 역설적이지만 모르는 것을 알아야 새로운 시작을 향해 나아갈 수 있습니다. 그러나 무지를 인정하지 않으면 지혜는 우리에게 다가오지 않습니다. 배움의 길은 무지를 인정할 때 비로소 활짝 열리기 때문입니다.

소크라테스를 볼까요? 그는 당시 최고의 소피스트들을 찾아가 논쟁하길 즐겼습니다. 끊임없이 질문하여 상대를 당혹하게 만들곤 했는데, 이때 소크라테스는 상대방이 펼치는 주장에서 논리의 허점과 모순점을 찾아 논박했습니다. 자못 괴팍해 보이는 이런 방식을 선택한 이유는 무엇일까요? 상대방의 무지를 일깨워주고 싶었기 때문입니다. 모든 것을 알고 있다고 생각하는 사람들이 사실 얼마나 모르고 있는지를 말이에요.

가장 지혜로운 사람은 자신이 모른다는 것을 아는 사람입니다. 무엇을 모르는지 알아야 무엇을 배워야 하는지도 알 수 있잖습니까? 반면 가장 아둔한 사람은 자신이 모른다는 걸 모르는 사람입니다. 이런 사람은 위험합니다. 자신이 모른다는 걸 모르기에 배우려 하지 않고, '다 아는 나'라는 감옥에 갇혀 있기 때문입니다. 그러나 자신이 모른다는 걸 아는 사람은 경청하고 배웁니다. 이들의 머릿속에는 지식이 아닌 '지식 플랫폼'이 형성되어 있습니다. 여러 지혜와 정보를 빨아들일 큰 우물이 있는 셈이지요. 바로 이곳에 사람들이 모여들어 다양한 의견을 개진하고, 나누고, 수많은 경우의 수를 만들어가게 됩니다. 이럴 때 새로운 방향과 창조가 이루어집니다.

내가 아는 것만 아는 사람은 하수이고, 내가 모른다는 것도 인지하는 사람은 고수입니다. 소크라테스가 말한 '무지의 지'란 바로 이것이지요.

대학원에 진학했을 때 한 선배로부터 이런 이야기를 들었습니다. '학사'를 마치면 내가 그 분야의 모든 것을 알고 있다고 생각하고, '석사'를 마치면 이제 내가 그 분야를 조금은 안다고 생각하고, '박사'를 마치면 비로소 나는 정말 아무것도 모른다는 것을 깨닫게 된다고 말이에요. 같은 맥락에서 볼 때 "벼는 익을수록 고개를 숙인다"라는 말 역시 단순히 겸손을 의미하는 건 아닐 겁니다. 복잡하고도 광활한 세계 안에서 살아가는 인간에게 진정한 앎이란 내가 알면 알수록 모르는 게 점점 더 많아진다는 것을 받아들이는 것, 그리고 '삶의 숙의' 상태에 들어선다는 것을 의미하지 않을까요? 그러므로 진정한 탐구자의 태도란 내가 아는 것만 주장하지 않고 내가 모르는 것을 질문할 줄 아는 데 있습니다. 흔히 '경청과 질문'을 참 지식인이 지녀야 할 기본 소양이라 강조하는 배경입니다.

내가 웬만큼 안다고 생각하는 사람은, 안타깝지만, 그 안에서만 생각하는 사람입니다. 내가 얼마만큼 모른다는 것을 숙의하는 사람은 자기를 벗어나 외부로 나아가는 사람입니다. 저는 지식에도 성장판이 있다고 생각하는데요. 지식의 성장판은 '나는 모르는 게 별로 없어'라는 지적 교만에 이를 때 완전히 닫히고 맙니다. 이미 모든 걸 다 안다고 생각하는 것, 내가 아는 것만이 진리라고 생각하면 지식은 더는 성장하지 않습니다. 열린 마음이 필요해요. 내가 모른다는 것을 인정하고 다양한 지식을 편견 없이 살펴보는 삶의 태도가 필요합니다. 이게 지식의 성장판입니다. 지식의 성장판이 살아있는 사람의 특징은 적극적으로 모르는 것을 배우려 합니다. 스스로 성장 가능성을 늘 열어두고 있는 것입니다. 신체의 성장판은 때가 되면 자동으로 닫히지만 '지식의 성장판'은 그렇지 않아요. 스스로 늘 열어두는 한 죽을 때까지 닫히지 않습니다. 100년이라는 짧은 시간 안에 세상의 모든 지식을 아는 것은 불가능합니다. 그만큼 우리가 모르는 지식은 끝이 없습니다. 그러므로 가능성이란 '비움'에 있습니다. '비움'의 또 다른 말은 '채움'입니다. 그래서 저는 살면서 "내가 모든 것을 알고" 있다고 말하는 사람을 경계합니다. 발전 가능성이 없는 사람이니까요. 세계 4대 성불로 추앙받는 숭산(1927~2004) 스님은 긴 지(知)의 여정 끝에서, 그 깨달음의 여정 끝에서 이렇게 말씀하셨습니다.

"오직 모를 뿐."

Dr. 필로소피_열네 번째 솔루션

네가 모른다는 것을 알라.

_소크라테스

155

존재를 성장시키는 건 경험의 다발이다

인생에서 가장 중요한 것 중 하나는 경험입니다. 새로운 경험을 통해 시야가 넓어지고 그간 보지 못했던 것을 보게 됩니다. 경험은 공부, 여행 기타 많은 것으로부터 오지만 제일 큰 몫을 차지하는 건 사람입니다. 내가 해보지 못한 경험을 해본 사람들을 만나면 그들의 행동이나 말 가운데서 많은 것을 알게 됩니다. 낯선 사람을 만나는 일은 따라서 우리에게 새로운 경험의 길이 열리는 것과 같습니다. 영국 출신의 근대 경험주의 철학자 존 로크(John Locke, 1632-1704) 는 이런 말을 했습니다. "인간은 자신이 경험한 것 이상을 뛰어넘을 수 없다." 맞는 말인데요. 이렇게 상상해보죠. 어느 날 우리가 아마 존 숲의 원주민, 단 한 번도 현대 문명과 만난 적 없는 사람들을 만나 도시를 소개한다고 생각해보세요. 일단 그들은 한국어도 영어도 알아듣지 못할 것입니다. 언어가 통한다고 해도 자동차가 무엇인지 비행기가 무엇인지 스마트폰이 무엇인지도 알지 못할 것입니다. 그들은 왜 모를까요? 당연합니다. 경험해보지 못했기 때문입니다.

또한 로크는 인간이 백지상태에서 태어났다고 했습니다. 이를 라틴어로 타불라라사(tabula rasa)라고 하는데요, 원뜻은 '깨끗한 석판'입니다. 지식이란 바로 이 빈 석판을 하나씩 채워가는 일입니다. 그런데 여기서 중요한 것은 열린 마음입니다. 왜 그럴까요?

사람들은 대개 자기 경험을 넘어서는 모종의 상황에 처하면 방어적인 태도를 취하거나 거부감을 가집니다. 근대가 열리고 민주주의가 확대될 때 많은 왕정 국가의 국민도 이를 받아들이지 못해 혼란을 겪었죠. 새로운 지식이 보편화하는 데 받아들일 시간이 필요한 것도 마찬가지 이유입니다. 그러나 늘 앞서가는 사람은 새로운 지식에 개방적이고 유연하죠. 반면 닫힌 자세는 자기성장을 저해합니다. 저 역시 살다 보니 마음이 닫힌 사람을 만나면 불편하고 힘들더군요. 저는 최근 좋은 동료들을 만나 많은 부분에서 깨달음을 얻고 있습니다. 그들은 제게 스승이자 교사입니다. 여기에서 나이는 전혀 상관이 없습니다. 다양한 경험의 소유자들이라는 점이 중요할 따름입니다. 열 살 적든 스무 살 어리든 나와 다른 시공 속에서 다른 경험을 한 사람들입니다. 살다 보면 나보다 똑똑한 사람도 나보다 훌륭한 인격을 가진 사람도 많이 만납니다. 중요한 것은 이들을 마주할 때의 나의 자세입니다. 겸손은 사람을 발전시키지만, 오만은 사람을 추락시킵니다. 우리가 늘 제자의 마음으로 살아야 하고, 어린 스승들에게도 기꺼이 배워야 하는 이유입니다.

맨손 암벽 등반가 알렉스 호놀드는 지금껏 로프 하나 없이 수많은 절벽을 단 한 차례 실수도 하지 않고 등반하는 데 성공했습니다. 사실 한 번의 실수라도 있었다면 그는 세상에 없었을 테지요. 비결은 하나입니다. 그는 이른바 '디 데이' 전 시간을 매일 같이 목표로 삼은 산에 오르는 데 바쳤습니다. 끊임없이 등반 연습을 반복한 것이지요. 그렇게 해서 암벽의 미세한 질감까지 체화한 뒤에야 실제 도전에 임합니다. 복기와 시뮬레이션, 즉 매일 경험을 통해 되새김질하는 것입니다.

공부도 경험입니다. 공부에서는 특히 다채로운 경험이 중요합니다. 그러나 분업화된 현대 사회는 지식을 그저 돈을 벌기 위한 수단이나 목적 이상으로 생각하지 않는 것 같죠? 그러다 보니 자연스레 한 분야의 전문가를 양성하는 데 역량을 집중합니다. 이런 식의 교육은 입체적인 사고에 능해야 하는 지성인을 길러내기엔 역부족입니다. 실제로 얼마나 많은 리더가 단 하나의 세계관으로 세상을 파악하여 오판을 내리곤 했던가요? 어느 분야에서든 리더는 경험이 많아야 합니다.

플라톤은 특히 한 국가의 리더가 되려면 반드시 이런 수련을 거쳐야 한다고 주장했습니다. 그는 구체적인 교과목과 과정을 제시하기도 했는데요. 철학 교육 5년, 수학을 포함한 자연 과학 10년, 음악과 시, 운동 등 예체능 교육 20년, 그 이후 다년간의 리더십 수련 같은 식입니다. 그는 이 정도는 해야 국가의 리더가 될 자격이 있다고 주장했습니다.

성공회 사제로서 경험주의 철학자로 소개되는 조지 버클리

(George Berkeley, 1685~1753)는 경험과 존재를 연결하여 "존재는 지각하거나 지각되는 것이다"라고 이야기합니다. 다른 말로 하면 '지각한 만큼 존재할 수 있다'는 뜻으로 '경험한 만큼 존재할 수 있다'는 것이지요. 예를 들어 노동자로 존재하려면 노동을 경험해야 하고, 요리사로 존재하려면 요리를 경험해야 합니다. 경험한 만큼 존재하고 존재한 만큼 폭넓은 세계관을 사유할 수 있으며 다양한 사람을 이해할 수 있습니다. 이런 과정을 거쳐 존재가 확장되기 때문입니다. 어떤 조직이든 리더에게 경험이 많은 편이 바람직하다고 여겨지는 배경이지요. 물론 모든 일을 직접 경험하기는 어렵습니다. 이럴 때는 책이나 참여를 통해 간접 경험을 하면 됩니다. 다양한 직간접 경험이 전혀 없는 리더, 단 하나만의 경험에 의존해온 리더는 독선과 독주를 멈추지 않을 겁니다. 하나의 존재로만 살아왔던 사람에게는 오직 하나의 세계만이 있을 테니까요.

예전에 한 친구와 대화를 나눈 적이 있습니다. 다양한 사안을 두고 한 시간쯤 이야기를 나누던 중 이상한 점을 발견했습니다. 이 친구가 드는 예시와 비판의 근거가 대부분 하나의 책을 기반으로 하고 있다는 점이었죠. "ㅇㅇㅇ 책을 보면 이런 이야기가 있고, 그래서 저건 잘못됐다" "ㅇㅇㅇ의 이론에 의하면 저건 잘못됐다"는 식으로 그는 계속해서 하나의 텍스트를 기준으로 판단하고 있었습니다. 세상을 단 하나의 잣대로만 보는 사람이었죠. 그 책이 나쁜 책이었다는 뜻은 아닙니다. 제가 문제시했던 것은 그의 편협한 시각입니다. 그 책의 저자 역시 책을 집필하면서 수많은 관점 중 하나의 시각을 제시할 수밖에 없었겠지요. 아무리 천재라 한들 세상사 모든 일에 통달할 수 없는 법이잖아요. 그러므로 단 하나의 사상과 철학만으로 세상을 진단하겠다는 생각은 매우 위험합니다. 마치 깔때기 하나에 바닷물을 모두 담아보겠다는 태도와 같습니다. 그래서 "한 권의 책도 읽지 않은 사람보다 단 한 권의 책만 읽은 사람이 더 위험하다"라는 말이 있을 정도지요.

우리에겐 그러므로 시야를 폭넓게 해주는 다양한 경험과 독서와 사유가 필요합니다. 다양한 이론과 사상을 접하고 배워야 합니다. 그래야 서로 존중할 수 있는 진짜 교양을 얻을 수 있습니다. 단 하나의 지식에 맹목적으로 몰입하는 순간 객관적이어야 할 지식은 어쩌면 가장 사사로운 믿음이 되어버릴지도 모릅니다.

우리가 많은 사람, 여러 분야의 사람을 만나야 하는 이유도 분명합니다. 사람은 누구나 소우주를 품은 존재입니다. 존재 자체로 소우주죠. 따라서 우리가 누군가를 만나고 생각과 경험을 나눈다는 것은 그가 걸어온 인생의 길에서 축적한 지식과 사유, 열정과 경험을 함께 만나는 것입니다. 새로운 사람을 만난다는 것은 곧 새로운 세계를 만나는 것과 같아요. 그리고 우리는 이 같은 놀랍고 신선한 충돌(경험)을 통해 한 뼘 더 성장할 수 있습니다. 만남이란 모험이자 여행입니다. 모험과 여행은 경험입니다. 경험은 우리를 성장시킵니다.

존재는 지각하거나 지각되는 것이다.

_조지 버클리

당신의 신념에 돌을 던져라

심리학에 '터널 비전'이라는 개념이 있습니다. 어떤 것에 지나치게 몰입하다 보면 주변이 보이지 않게 되어 오직 한 방향만 보는 현상을 말합니다. 스스로 정신의 터널에 들어가 매몰되어 있느라 빠져나올 곳은 오직 하나, 정답도 오직 하나라고 생각하는 경향입니다.

이 같은 심리 기제를 가장 많이 적극적으로 활용하는 곳이 사이비 종교 집단입니다. 대다수 극단주의 종교 운동도 그렇습니다. 이들의 특징은 '우리 뜻대로 되지 않으면 세상이 망한다'라는 신념을 모든 부분에 투사하고 강화한다는 점입니다. 이런 사람들은 명백한 사실조차 인정하려 하지 않아요. 그릇된 종교적 신념으로 공동체를 이끌며 구성원들을 외부와 차단하거나 심지어 타인에게 테러를 감행하곤 합니다. 바로 터널 비전에 빠진 탓입니다.

물론 보통 사람들도 터널 비전에 빠지기 쉽습니다. 가짜뉴스에 빠져 실체적 진실을 외면하는 경우가 우리가 흔히 볼 수 있는 풍경이죠. 터널 비전에서 헤어나지 못하면 결국 교통사고를 당하기 마련인데요. 주변에 다른 길이 있는데도 이를 인지하지 못하고 한 길로만 달리다 결국 사고가 나는 것입니다. 말하자면 브레이크가 고장 난 자동차인 셈이지요.

근대 이성의 아버지라 불리는 데카르트의 주저 《방법서설》에 가장 많이 등장하는 질문은 '어떻게'(or 어떤)입니다. 해는 어떻게 뜨는지, 달은 어떻게 뜨는지, 자연의 원리에서부터 우리는 어떻게 인식할 수 있는지 지성의 원리로 나아갑니다. 이렇게 보면 '데카르트적 의심'이란 '어떻게'라는 질문으로 요약될 수 있습니다.

신의 계명으로 모든 것이 이루어지던 중세가 저물고 근대 이성이라는 문을 연 데카르트의 업적은 더는 과학자들이 목숨 걸고 과학적 진실을 주장하지 않아도 되는 세상을 열었습니다. 당시 '어떻게'라고 질문하는 것이 신이 주신 능력임을 데카르트가 치열하게 논증했기 때문입니다. 더는 교회가 이성이라는 산물을 죄악시하지 않았습니다. 데카르트는 그래서 자신의 지식마저도 끊임없이 의심했고 수없이 검증하려 했습니다. 그는 자신의 책 《방법서설》에 초안을 쓰고 이것을 다른 양식 있는 지식인들에게 보내 반론을 요청할 정도였습니다. 자신의 지식도 의심받아야 한다고 생각했기 때문입니다.

그렇습니다. 근대적 정신은 '어떻게'라고 질문하고 의심하는 능력에서 출발합니다. 그러나 아직도 수많은 매카시즘 열풍과 혼란

스러운 미신적 주장들 속에서 '어떻게'라는 질문은 종종 파묻혀 버리고 맙니다. 의심하면 죄악시하는 이들도 있습니다. 그러나 의심 없이는 진실도 발견할 수 없는 법입니다.

의심하지 않고 질문하지 않는 사회 분위기가 지속되면 결국 합리적 의심을 하는 사람들이 '단두대'에 서게 됩니다.

이런 상태에서 빠져나오는 가장 좋은 방법은 '오직 사실'만을 보려고 노력하는 것입니다. 아무리 미운 사람도 사실이 아닌 것으로 비판하지 말고, 아무리 좋은 사람이라도 사실이 아닌 내용으로 감싸지 않는 태도를 견지하는 건데요. 그러려면 내 안에 잘못된 믿음은 없는지 늘 점검하면서 정확히 모르는 사안에 대해선 차라리 침묵하는 편이 좋습니다. 사실인 것과 사실이길 바라는 마음은 완전히 차원이 다르니까요. 철학자이자 논리 실증주의 창시자인 오귀스트 콩트(Auguste Comte, 1798~1857)는 지식의 진화를 3단계로 나누는데, 첫 번째는 종교적 단계로 신의 계시로 세상 만물을 인지하는 단계입니다. 여기에서 지식과 믿음은 사실 구분되지 않았습니다. 그러나 인류는 한 단계 도약을 하게 되고 형이상학적 단계로 나아갑니다. 세상의 근원을 질문하는 단계로 신이 아닌 인간의 이성으로 판단하려는 경향입니다. 드디어 현대에 이르러 지식은 현대적 진화를 하게 되는데 그게 바로 경험과 관찰을 바탕으로 한 과학적 단계입니다. 오귀스트 콩트는 과학적 지식에서 가장 중요한 특징은 바로 사실주의라고 말합니다. 사실 기반이 아닌 것은 객관적 지식, 즉 과학이 될 수 없다는 말입니다.

정치가 타락하는 이유도 사실 기반을 무시하고 무조건적인 혐오와 증오를 부추기는 선동가들 탓이 큽니다. 정확히 따져보지 않고 맹목적으로 움직이는 사람들 탓도 있고요. 신념을 이루고자 하는 간절한 마음은 이해하지만, 사회의 발전에도 개인의 삶에도 이런 태도는 부정적인 영향을 미칠 뿐입니다.

지식은 종교가 아닙니다. 신념은 신념이고 사실은 사실입니다. 그러므로 여러 '~주의', 즉 이데올로기는 차라리 지식이 아닌 종교적 믿음에 가깝습니다. 도그마의 성격을 강하게 띠기 때문입니다. 어느 철학 강사의 강의를 청취하던 중 이런 말이 가슴에 다가왔습니다. "좋아한다는 건 맹신한다는 게 아니라 비판하더라도 매력을 느끼는 것"이라는 말이었는데, 저는 공감했습니다. 정치효능감이 높은 분들이 새겨들음 직하다고 여겼어요. 우리 주변엔 이따금 정치인을 연예인이나 종교지도자로 착각하는 분들이 있습니다. "우리 ○○○을 비판하면 가만두지 않겠어"라는 태도로 그를 신줏단지 모시듯 하는 분들이 더러 있죠. 독재자는 대부분 그를 향한 잘못된 믿음을 가진 추종자들로 인해 탄생합니다.

과학철학자 카를 포퍼(Karl Raimund Popper, 1902~1994)는 과학적이고 합리적인 지식이란 늘 '반증 가능성'이 있어야 한다고 말합니다. 반증 가능성이란 '반박될 수 있는 지식만이 과학'이라는 입장인데요. 어떤 주장을 두고 그 어떠한 다른 의견을 주장할 수 없다면 그것은 사실 종교이지 지식이 아니라는 뜻입니다.

오귀스트 콩트 역시 과학적 지식의 특징으로 사실주의에 이어

상대주의를 드는 이유입니다. 절대주의는 과학일 수 없다는 것이죠. 그렇습니다. 지식은 사실주의와 상대주의를 기반으로 체계를 세워야 합니다. 현대 철학자 에드문트 후설(Edmund Husserl, 1859~1938)의 저서 《현상학의 이념》에는 "우리 앞에 펼쳐진 현상을 오직 순수이성에 의거해 판단하라"는 말이 나옵니다. 탐구는 순수 직관 속에서 유지되어야 한다[28]고 말합니다. 그런데 참 어려운 말이지요? 순수이성이란 대체 정체가 무엇인지, 어떻게 해야 순수이성으로 판단할 수 있을지 아리송하니 말입니다. 이 말은 곧 우리가 어떤 현상을 대할 때 추론을 하거나 논리를 펼치거나 거기에 담긴 사상 따위를 거둬낸 다음 당면한 문제를 그 자체로 그 어떤 편견도 가지지 말고 '직관'하라는 권고입니다. 오직 이 길만이 과학적 사고의 방법론으로 가능하다는 것이 후설의 입장인데요. 많은 사람이 자신은 객관적 판단을 하고 있다고 믿지만, 사실 대다수는 어떤 문제의 현상을 평소 자신이 믿고 있는 대로, 즉 자신의 신념이라는 여과지로 수렴할 때가 많기 때문입니다. 그래서 쇼펜하우어도 "인위적인 교육은 직관의 세계에 대하여 두뇌가 넓은 지식을 갖기 전에 강의나 교과나 독서 등을 통하여 머릿속에 개념을 잔뜩 주입한다"[29]라고 지식의 편견 문제를 꼬집기도 합니다.

이마누엘 칸트도 "내용 없는 사고는 공허하고 개념 없는 직관은 맹목적이다"라고 이야기했습니다. 칸트는 서양철학사에서 가장 중요하게 다루어지는 인물이에요. 합리적 이성을 중시하던 합리론과 경험을 우선시하던 경험론을 통합한 철학자로 인정받기 때문입니다. 칸트는 이 두 흐름의 철학을 통합해 근대 관념론을 정립했습니다. 그래서 "1790년대에 들어서면서 칸트의 철학은 수많은 철학 사조 가운데 그저 하나가 아니라 철학적 경험 차원에서 도저히 돌이킬 수 없는 지점으로 인식"[30]됐다는 평가가 있습니다. "칸트 이전의 사상은 칸트로 흘러가고 칸트 이후의 사상은 칸트로부터 나온다"는 말이 있을 정도죠. 바로 "내용 없는 사고는 공허하고 개념 없는 직관은 맹목적이다"라는 명제가 합리론과 경험론을 통합한 명제입니다. 우리가 지식을 대하는 태도에 아주 중요한 시사점을 던져주는 말이기도 합니다. 누군가 어떤 주장을 하고 있는데 가만히 들어보니 아무런 내용(경험)이 없어요. 그러면 그가 아무리 힘주어 말한다 해도 그의 주장은 공허합니다. 논리적인 합리성마저 없다면 맹목적 사고가 될 테고요. 우리가 흔히 지식을 이루는 기본 축으로 내용(증거)과 개념(논리)을 중시하는 배경이지요. 그러므로 우리가 '무엇을 안다'고 하고 그것을 말로 표현할 때는 이렇듯 내용과 개념 위에서 발화를 꽃 피워야 합니다.

칸트는 보다 명석한 판단을 위해 명제를 두 가지로 구분할 것을 제안합니다. '선험적 분석판단'과 '경험적 종합판단'[31]이 그것입니다. 분석판단은 그 자체로 진리인 판단입니다. 가령 "원은 둥글다" "모든 총각은 남성이다" 같은 명제들이죠. 주어에 술어가 포함되어 확실하고도 어긋남이 없는 진리 같은 것입니다. 반면 종합판단은 "대한민국 모든 남성은 군대를 간다" 같은 명제입니다. 대한민국 남성은 군대를 가지만 모든 남성이 군대를 가지는 않습니다.

경험적 확인이 필요한 사안입니다. 선험적 분석판단을 명확히 보지 못하면 오류가 되고 경험적 종합판단을 보지 못하면 편견이 됩니다.

간단한 것처럼 보이지만 의외로 많은 사람이 이 둘을 구분하지 못합니다. 명확한 것을 검증하려 들거나 검증이 필요한 것을 단정하는 경우가 그 예이지요. 세상의 거의 모든 '부조리'는 사실 여기서 발생합니다. 그러니 지켜야 할 것을 고민하고 고민이 필요한 것을 너무 쉽게 생각해서는 안 된다고 하는 거죠. 칸트는 이렇듯 선험적 지식과 경험적 지식을 구분할 수 있는 지혜를 요구합니다. 진짜 문제는 경험적으로만 알 수 있는 것을 선험적으로 판단하는 경우예요. 왜냐하면 이때 사고의 독선이 일어나기 때문입니다. 즉 '맹목적 사고'가 행해진다는 뜻인데요. 경험하고 확인해봐야 알 수 있는 지식을 진리라고 주장하는 것은 사실 믿음의 영역이지 사실의 영역이 아닙니다. 우리는 믿음과 사실을 구분함으로써 지식을 더욱 명확한 토대 위에 세울 수 있습니다.

다행스럽게도 인류는 이 둘을 구분하는 지혜를 역사 속에서 발전시켜왔습니다. 여전히 전 세계인의 다수가 특정한 종교를 가지고 있지만 신을 믿는다고 해서 지구가 둥글다는 것을 부정하거나 지구가 태양 주변을 돈다는 것을 거짓이라 이야기하지 않습니다. 간혹 그런 주장을 펼치는 사람도 있지만 이는 반지성주의에 불과합니다. 믿음의 영역이 사실에 영역에 들어오면 혼란은 가중될 수밖에 없습니다. 우리 사회에 만연했던 매카시즘 열풍도 대부분 자신의 믿음과 객관적 사실을 혼동하는 데서 온 경우가 많았죠. 지식의 출발은 이렇듯 언제나 사실을 확인하려는 태도에 있습니다.

과학적 지식이 중요한 이유이기도 합니다. 지식은 개인적으로 한계 지을 수밖에 없는 지식과 사회적으로 보편화할 수 있는 지식으로 구분됩니다. 인간은 주관적 세계와 객관적 세계를 동시에 살아가기 때문인데요. 주관적 세계는 가령 자신이 믿는 종교나 특정 관념 같은 것들이 있습니다. 객관적으로 증명되기 어려운 것들이죠. 객관적 세계는 정치, 경제, 사회 등 공동체가 함께 공유하는 지식 범위입니다. 즉 객관적으로 증명할 수 있는 것들입니다. 주관적 세계가 존중받는 사회는 건강한 사회입니다. 동시에 객관적 세계가 존중받는 사회는 더욱 건강한 사회입니다. 저 역시 종교가 있고 관념론자지만 내 안에 주관적 관념을 객관적 세계에 투영하고 싶은 마음은 사실 없습니다. 사회적 세계는 '공동체 룰'이라는 것이 존재하기 때문인데요. 종교가 지배하던 서양 중세를 암흑시대라 불렀던 이유는 종교 집단의 주관적 세계가 객관적 세계를 지배했기 때문입니다. 근대에 들어와 인류는 가까스로 그런 맹목 상태를 벗어났는데요. 어떤 종교나 신비적 가르침이 "오직 우리만이 진리이다"라고 주장한다 해도 그것은 어디까지나 주관적 세계의 지식일 뿐입니다. 종교나 신비는 개인의 관념 안에서 진리일 수 있으나 사회에서 결코 객관적 진리로 규명될 수 없기 때문입니다. 이런 규명 불가능성의 한계로 인해 관념의 세계는 그 속성상 전체의 틀이 될 수 없으며 모두의 사회적 기준이 될 수 없는 것입니다.

그러나 사회는 사회를 '합의'라는 틀로 운영하기 위해 공동체의 룰, 즉 공동의 지표가 있어야 합니다. 그것은 각자 머리 속에 믿는 바 관념이 아닌 모두의 눈에 보이고 들리는 '실증'이 되어야 합니다. 그래야 사회 구성원 모두가 인정할 수 있는 평균값이 도출될 수 있기 때문입니다. 그러므로 객관적인 세계에서 모든 인류가 합의할 수 있는 최소한의 교집합은 '과학적 지식'일 것입니다. 정치와 경제는 그러므로 과학적 기반 위에서만 그 정당성을 획득할 수 있는 것입니다. 철학사에서도 과학은 늘 중요했습니다. 현대 철학 사조 중 하나인 논리 실증주의와 영미분석철학자들은 철학 역시 늘 과학적 근거 아래 증명해나가야 한다고 주장합니다. 과학적 기반 없이는 철학은 학문이 될 수 없다고 말하는 학자도 있습니다. 증명될 수 있어야만 참지식이라 보기 때문입니다. 그들 중에는 철학자이면서 동시에 수학자이자 과학자인 사람들이 많은 이유입니다.

지난 2015년 캐나다 토론토에서 열린 '멍크 디베이트'는 저에게 한 가지 중요한 인사이트 [32]를 주었습니다. 멍크 디베이트 행사는 그해 최강의 지식인들이 하나의 사안을 두고 배틀을 하는 토론회입니다. 그해 대표 주자는 세계적인 심리학자인 스티븐 핑거(Steven Pinker, 1954~)와 작가 알랭 드 보통이었고, 주제는 "인류의 미래는 나아지고 있는가, 아닌가?" 하는 것이었습니다. 스티븐 핑거는 낙관론의 입장에서, 알랭 드 보통은 비관론의 입장에서 각기 불꽃 튀는 격론을 펼쳤습니다. 배틀 방식이라 사전에 관객들은 어느 쪽에 동의하는지 투표하고 토론이 끝나고 재투표를 함으로써 변동 수치를 체크하고 그날의 승자를 결정합니다.

토론 전에는 비관론이 우세했습니다. 알랭 드 보통은 인간의 이기심과 욕망, 그로 인한 전쟁과 대립, 기후위기 등 다양한 부정 기재를 근거로 인류의 미래는 디스토피아가 분명하다고 주장했습니다. 이에 스티븐 핑거는 기술의 진보와 과학의 용이함, 보건의 발전과 질병의 정복, 평화협정을 통한 폭력의 축소 등을 근거로 인류는 분명 유토피아로 가고 있다고 주장했습니다. 토론 후 비관론은 낙관론으로 표가 이동하면서 결국 스티븐 핑거의 승리로 끝났습니다. 승패를 가른 것은 무엇일까요? 비관론은 왜 낙관론으로 이동했을까요? 바로 '증거의 힘'이 작용했기 때문입니다. 알랭 드 보통은 자기 생각을 주장한 반면, 스티븐 핑거는 그간의 축적된 연구데이터를 기반으로 조목조목 반박했는데요. 사실을 이길 수 있는 주장이란 게 과연 존재할 수 있을까요?

이와 같은 논지를 편 또 한 명의 학자는 한스 로슬링(Hans Rosling, 1948~2017)입니다. 그는 보건 전문가로 전 세계의 기아와 질병을 해결하기 위해 고군분투한 의사인데요. 인류가 극심한 기아와 질병과 폭력을 점차 정복해가고 있다면서 우리는 분명 과거보다 나은 현재, 현재보다 나은 미래로 나아가고 있다고 주장했습니다. 그의 주장을 뒷받침해주는 강력한 증거 역시 그가 평생 축적한 데이터였습니다. 한마디로 기록의 힘입니다. 상식적인 현대인이라면 누군가의 심미적 주장을 믿는 게 아니라 통계와 수치가 가르치는 나침반을 신뢰하기 때문입니다. 물론 그것이 전부는 아니겠지만 확률상 더 신뢰가 가기 때문입니다. 그가 쓴 세계적인 베스트셀러인 《팩트풀니스》를 보고 저는 큰 충격을 받았습니다. 저 자신이 얼마나 무지했는지 통렬하게 깨닫는 계기가 되었거든요. 책 서문에서 로슬링은 독자에게 여러 문제를 냅니다. 세상에서 벌어지는 다양한 일에 대해서 말입니다. 예를 들어, "1)오늘날 세계 모든 저소득 국가에서 초등학교를 나온 여성은 얼마나 될까? 2)지난 100년간 연간 자연재해 사망자 수는 어떻게 변했을까?"[33] 같은 질문을 주고 네 개의 예에서 답을 고르는 객관식 문제입니다. 제가 맞힌 문제는 겨우 세 개였습니다. 정말 부끄러웠습니다. 그런데 놀랍게도 상당히 많은 사람이 저와 같았다고 하더군요. 그 중에는 교수, 의사, 변호사, 심지어 노벨상 수상자도 있었다고 합니다. 로슬링은 그들 역시 점수가 시원치 않았다고 말합니다. 우리가 평소 얼마나 사실에 기반하지 않고 지식을 받아들였는지 알 수 있는 대목이죠.

이 책을 읽고 나면 통계와 수치에 근거하지 않은 정보가 얼마나 심각한 오해와 무지를 낳는지 알 수 있습니다. 우리가 보고 받는 정보는 일부 세상의 모습입니다. 극히 예외적이고 극단적인 모습이죠. 극단적 프레임은 진짜 세상을 오해하게 만드는데, 로슬링은 이러한 현상의 원인으로 다양한 인간의 심리적 본능을 지목합니다. 한스 로슬링은 많은 본능을 이야기했지만 몇 가지 소개하자면 간극 본능, 직선 본능, 부정 본능 같은 것입니다. 간극 본능이란 세상을 둘로 나누어보는 관점을 말하고, 직선 본능이란 세상이 직선으로 뻗어나간다고 생각하는 경향성, 부정 본능은 좋은 것보다 나쁜 것에 주목하는 성향을 말합니다.

우리를 지배하는 사고체계는 이렇듯 비합리적이며 본능에 충실합니다. 평소 깊이 사색하며 탐구하지 않는 사람이 '내 말이 절대적으로 맞아'라고 주장하는 것이 매우 위험한 이유입니다. 예를 들어봅시다. 공부하지 않아도 세상을 알 수 있을까요? 한 사람의 인생 총량은 정해져 있고 한 인간이 경험할 수 있는 세상에는 한계가 있습니다. 인류 역사를 놓고 보면 티끌만큼도 되지 않아요. 그러므로 우리는 각 시대 선각자들이 통찰한 지혜에 의지해야 합니다. 뉴턴이 "거인들의 어깨를 빌려야 세상을 멀리 볼 수 있다"고 말한 것도 이런 배경이겠지요?

과학적 지식은 이 같은 탐구 능력을 기반으로 발전합니다. 〈블랙홀 사건의 지평선에서〉라는 다큐멘터리가 있습니다. 오랫동안 상상해온 블랙홀의 존재를 실제로 관측하기 위해 과학자들의 노력한 과정을 담은 작품입니다. 전 세계 과학자들이 여러 각도에서 무려 10년간을 추적하면서 블랙홀을 관측합니다. 그렇게 얻은 한 장의 사진은 어느 날 갑자기 고도의 천체 망원경으로 촬영한 것이 아닙니다. 10년간 누적된 인간의 노력과 인내심, 그리고 데이터의 총합이죠. 물론 이 역시 사실의 영역입니다.

'사건의 지평선'이라 불리는 영역은 물리학자들에게 오랫동안 큰 숙제였습니다. 인풋은 있는데 아웃풋은 없는 블랙홀, 그저 먹기만 하고 나오지 않는 이 이상한 공간의 경계를 물리학자들은 사건의 지평선이라 말합니다. 이들에게 이것은 오랫동안 계산되지 않는 숙제였습니다. 과학자들에게 계산되지 않는다는 것은 일종의 재앙입니다. 아인슈타인이 양자역학을 끝까지 인정하지 않은 이유도 "과학은 계산될 수 있어야 하기" 때문이었잖아요? 그런데 이 숙제를 스티븐 호킹(Stephen William Hawking, 1942~2018) 연구팀이 풀었습니다. 그들은 매주 10년간 별장에 모여 마치 체스 게임을 하듯 토론을 하고 방정식을 만들었습니다. 그러고는 결국 첫 번째 문제를 풀어요. 하지만 그때 이미 스티븐 호킹은 우주의 별이 되어 있었습니다. 수백 개의 항을 가진 공식으로 가득 채워진 지면을 보면서 저는 '수학 기호가 무척 아름답다'고 생각했던 것 같습니다. 몇 번의 검증 끝에 연구 결과를 〈네이처〉 지에 발표하고 난 다음 '호킹이 살아 있었다면 얼마나 행복해했을까?' 하며 눈시울을 붉히던 물리학자들의 표정이 아직도 선연합니다.

이 이야기는 이제 검색어 몇 개로 누구나 공유하게 된 내용이지만 그 결과를 만들어내기 위해 수백 명의 사람이 10년간 노력했다는 데 경이감을 느낄 수밖에 없습니다. 우리가 아무렇지 않게 누리는 세상은 이렇듯 누군가의 집념과 헌신이 만들어낸 결과인지도 모릅니다. 한편으로는 우리가 과학을 신뢰해야 하는 이유이기도 하죠.

진실에 대한 판단은 그 무엇도 아닌 자기 확신에서 나옵니다. 자기 확신은 자신의 판단에 대한 신뢰에서 출발합니다. 명석한 판단에 대한 자기 확신은 모든 것을 백지상태에서 따져보는 것입니다. 그리고 그것이 충분히 합리적인지를 객관적으로 파고들어야 합니다. 마치 범인을 쫓는 형사처럼 굶주림을 가지고 사실만을 추적해야 합니다. 그 누구의 이야기만을 맹목적으로 따르지 않고 오직 나의 이성으로 판단해보아야 합니다. '오직 이것만이 진리'라고 말하는 사람들을 조심해야 합니다. 그 무엇도 나의 선험적 판단에 앞설 수 없습니다. 용맹하게 전진해서 나를 둘러싼 거짓의 장막을 모두 벗겨버려야 합니다. 그간 우리의 눈을 가리던 모든 것들이 말끔하게 사라지고 우리 앞에서 분명히 드러난 진실만이 또렷이 보일 때까지 말입니다.

이렇게 하여 진실 앞에 서게 되는 순간 나에게는 두려울 게 없습니다. 그 순간 나는 온갖 미신, 이념, 운동, 인간들이 생존 의지로 지어낸 수많은 서사의 허상들을 발견하게 됩니다. 그 꼭대기에 앉아 혹세무민하는 지식인들의 권력을 향한 욕망도 발견하게 될 것입니다. 여론이라는 것은 고작 그 시대가 사유하는 보편적 이념일 뿐이지 그 자체가 진리는 아닙니다. 어느 시대나 진짜 위대한 지성들은 여론이라는 것과 항상 대척점에 서 있었습니다. 헤겔의 변증법을 보세요. 안티테제(반정립)의 핵심 조건은 자기 정신이 있어야 한다는 점입니다. 그래야 테제(정립)를 극복하여 진테제(합)로 나아갈 수 있습니다. 물론 반정립 그 자체가 자기 정체성인 지식도 있습니다. 정신에 반대하는 반 정신만으로 비루한 생명력을 유지하는 지식들이죠. 문제는 빛이 사라지면 그림자도 사라진다는 점입니다. 그러니 우리에겐 스스로 빛이 되는 정신이 필요합니다.

Dr. 필로소피_열여섯 번째 솔루션

내용 없는 사고는 공허하고 개념 없는 직관은 맹목적이다.

_이마누엘 칸트

나는 깊이 성찰한다, 고로 존재한다

광역버스를 타려고 서 있다 보면 줄이 삐뚤빼뚤 제멋대로 뻗어 있는 것을 종종 봅니다. 이 모습을 관찰하다 보면 어디에나 그렇듯 병목 현상을 일으키는 사람이 있다는 걸 알게 됩니다. 여기서는 보통 궤도를 벗어나 한 발 좌우로 빠져 있는 사람이 원인 제공자죠. 그런 사람들 대부분은 스마트폰을 보느라 자신이 어디에 서 있는지 인지하지 못합니다. 건장한 청년이 당당히 임산부석에 앉아 게임 삼매경에 빠져 있는 광경을 본 적도 있습니다. 그 역시 게임에 몰입한 나머지 자신이 어느 자리에 앉아 있는지 알지 못하는 것 같았습니다.

우리 사회도 이와 같습니다. 대한민국 출신의 재독 철학자 한병철(1959~) 교수는 "현대 사회는 과잉주의로 인해 깊은 주의를 잃어버렸다"[34]라고 말합니다. 너무 많은 과잉된 정보를 받아들이느라 정작 나 자신을 돌아보는 깊은 생각을 잃었다는 의미입니다.

우리의 과잉주의는 어떻게 발생하게 된 것일까요? 저는 그 이유가 일상에서 만나는 너무 많은 정보 때문이라고 생각합니다. TV 속 세상, 스마트폰 속 세상을 보세요. 즐길 것도, 할 것도, 욕심을 낼 만한 것도 너무나 많습니다. 문제는 이런 넘쳐나는 정보 사회 속에서 살다 보니 우리가 진짜 생각하고 사유해야 하는 '나'를 잃어버리게 되었다는 점입니다.

현대인은 무척 바쁘고 활동적이지만 깊은 생의 묵상을 놓치고 삽니다. 이로써 많은 갈등과 오해 속에 놓이기도 하죠. 활동성은 높지만 생각이 게으른 사람들은 많은 문제를 일으키게 마련입니다. 잘못된 방향으로 너무 부지런히 달리기 때문입니다. 니체는 "활동적인 사람들은 보통 고차적 활동을 하는 법이 없다"라고 하면서 요즘 말로 '핵인싸'인 이들을 향해 악평을 남겼는데요. 사실 이것은 열심히 사는 사람들을 폄훼하는 것이 아니라 충분히 숙의하지 않는 삶, 생각하지 않는 삶의 불안성을 경고한 것입니다. 행동만 부지런하고 생각이 게으른 사람은 잘못된 방향으로 달려갈 위험성이 크다고 경고하는 것이지요. 만일 그런 사람이 영향력을 얻었을 때 어떤 일이 벌어질지 상상해보세요. 두렵지 않습니까? 그가 부지런을 떠는 만큼 세상이 빠르게 망가질 테니 말입니다.

그래서 저는 하루에 한 시간씩 늘 사색하는 시간을 갖습니다. 저는 새벽이 가져다주는 질감을 좋아합니다. 밤이 지고 여명이 터오는 순간의 그 향기를 좋아합니다. 그래서 주말이면 네 시쯤 일어나 새벽이 선물해주는 환기를 즐깁니다. 저에게 이 시간은 사색하기에 가장 좋은 시간입니다. 이때 저는 생각하고 독서를 합니다. 책을 덮을 때쯤 새벽 공기는 코끝 사이로 오늘도 생이 시작되었음을 알려줍니다. 그 생 사이에서 베란다에 피어난 꽃을 한참 들여다보았던 적이 있습니다. 사색이 주는 즐거움 가운데는 평소 지나치던 것을 포착하는 힘도 있습니다. "이런 게 내 옆에 있었구나" 하는 사소하고도 즐거운 발견의 기쁨이죠. 1년 넘게 우리 집에 있었던 꽃이지만 저는 그제야 그 꽃의 존재를 인지하게 된 것입니다. 나아가 꽃의 생존을 어머니께서 책임지고 있다는 사실도 알았습니다. 타자성 안에서 존재를 유지하는 범위를 이해하게 되었다고 할까요?

우리는 매일 같이 미디어와 SNS를 통해 자연의 아름다움을 공유합니다. 오색 빛 아름다운 꽃들이 화면에 가득해요. 그러나 이런 편리한 공유 기술은 아이러니하게도 우리를 자연과 더 멀어지게 할 수도 있습니다. 고대 철학자들은 늘 자연을 사유했는데요. 우리도 그들이 본 자연을 그대로 보고 있을까요? 그들은 자연 속에서 느낀 경이로움을 글로 표현합니다. 그때는 사진을 찍을 수 없었기 때문이에요. 그래서 더욱 꼼꼼히 살피고 기록해야만 했어요. 그들에겐 그들 자신이 SNS고 사진기이기 때문입니다. 또렷한 기억을 위해 오감을 최대한 민감하게 발휘합니다. 자연의 소리를 듣고 색깔을 보며 촉감으로 예민하게 감각합니다. 그러한 행위를 통해 자연의 현상을 순수 직관합니다. 미국의 문학가이자 철학자인 헨리 데이비드 소로(Henry David Thoreau, 1817~1862)는 "눈

앞에 보이는 것을 바로 규정하지 않고 기다리면 더 많은 것을 보게 된다"라고 말했습니다.

현대인에게 이런 즐거움이 사라져가고 있어요. 우리는 그곳에 가만히 서서 오랫동안 감각하기보다는 재빠르게 휴대폰을 꺼내 사진을 찍고 담는 데 바쁩니다. 사진을 찍은 뒤에는 부지런히 다음 컷을 찾아 움직입니다. 그렇게 공유되지만 어쩌면 이것은 자연의 아주 작은 표피만을 전달하는 것일 수 있습니다. 현대인은 과잉주의를 하느라 깊은주의를 잃었다고 하는 말은 이런 것이 아닐까요?.

얼마 전부터 홀로 산책할 때 만큼은 휴대폰을 꺼놓거나 들고 나가지 않고 있습니다. 아름다운 경치를 사진으로 담을 수 없으니 눈으로 오래 응시하고 마음속 감정에 집중합니다. 물결소리, 새소리가 더욱 예민하게 들려와요. 오리, 닭, 고양이 동물들의 생리를 더 깊게 관찰하게 됩니다.

또한 깨달아요. 모든 것은 변한다는 것을요. 그 순간 변함을 있는 그대로 변함으로 받아들여요. 순간 슬픔이 복받쳐 옵니다. 순간을 붙잡을 수 없으니 아쉬움은 배가 됩니다. 그러나 실상 나도 함께 흘러가고 있으니 변하는 건 아무것도 없는 것일지도 몰라요. 붙잡혀 있는 건 내 마음일 뿐이겠죠. 저는 이런 깊은 사유와 함께 산책을 즐깁니다. 자연을 더 깊이 사유하니 더 깊이 있는 맛을 느낄 수 있어요. 커피 한잔도 후루룩 마시는 인스턴트보다 정성스럽게 내린 에스프레소 한잔에서 더 깊은 맛을 느끼지 않습니까? 그러니 나의 감각을 통해 세계를 세밀히 감각하는 것이 중요합니다. 나 자신보다 더 뛰어난 기록지는 없으며 나의 오감이 가장 훌륭한 사진기인 것입니다. 편리함의 반대말은 불편함이 아닌 '가까움'일 수 있지 않을까요?

한병철 교수도 같은 이야기를 합니다. 성과주의라는 목적에 매몰되어 살아가느라 우리는 인생에 진정 필요한 삶의 묵상을 잃어버렸다고요. 그는 왜 성과주의를 범인으로 지목했을까요? 한병철 교수는 오직 "물리적인 성과만을 중시하는 사회 분위기로 인해 그외 모든 것을 무가치하게 여긴다"는 점을 지적합니다. 여기에는 우리를 찾는 여행도 포함되어 있습니다. 그래서 그는 '우리 사회가 점점 피로사회가 되어가고 있다'고 말하는 것입니다. 이제 우리는 성과의 무게를 내려놓고 주위를 둘러봐야 합니다.

삶의 묵상은 사색에서 옵니다. 그것은 바로 깊은 주의, 오직이 시간만이 가져다주는 모든 약동하는 생의 질감을 민감하게 감각할 때 가능해집니다. 또한 그것은 새로운 떨림, 가능성으로 나의 삶을 또한 약동시킵니다. 프랑스 철학자 앙리 베르그송(Henri Bergson, 1859~1941)은 이것을 '엘랑비타'(Elan vital)라고 말합니다. 우리말로 '생의 비약' '삶의 약동'이라는 뜻이지요. 생명이 가진 근원적인 역동성을 표현한 말인데, 여기서 생명이란 바로 오직 나 자신으로부터 발현되는 에너지를 이릅니다.

여행을 별로 다니지 않는 저를 사람들은 가끔 이상하게 생각합니다. 여행을 해야 많은 경험을 통해 성장할 수 있다고 합니다. 맞는 말입니다. 그러나 저는 나 자신을 아는 일이 더욱더 중요하다고 봅니다. 나의 내적 정보를 얻는 활동이 저에겐 중요하거든요. 사실 세상의 정보들은 마음만 먹으면 얼마든지 취득할 수 있습니다. 그러나 나의 내적 세계는 오로지 나의 깊은 주의를 통해서만 얻을 수 있습니다. 외적 여행만큼 중요한 것이 내적 여행이라 생각하는 배경입니다. 예를 들어 아무리 좋은 풍경을 보고 이색적인 곳에 있다고 해도 그것을 나의 주체로 사색을 통해 깊이 성찰하지 않으면 얻을 수 있는 정보라는 것은 기껏해야 표면적인 수준일 뿐입니다. 인간은 내적 세계로 외적 세계를 수렴하는 존재입니다. 우물이 깊을수록 담을 수 있는 물의 양도 많은 법입니다. 내적 여행은 그 우물을 더욱 깊게 파는 행동일 것입니다. 그러므로 나 자신을 탐구하는 것만큼 중요한 여행은 사실 그 어디에도 없습니다.

깊은 사색의 힘은 발전을 가져옵니다. 나이가 들면 보통 학업에서 손을 뗀 지 오래이지만, 사색을 통해서라면 늘 젊음을 유지할 수 있습니다. 새로운 사유와 성찰 속에서 정신은 새롭게 태어나기 때문입니다.

10년 전 일입니다. 어떤 책을 읽고 불만이 일었습니다. 너무 재미없었고 이해하기 어려운 문장들이 많았기 때문입니다. 10년 뒤 같은 책을 다시 폈다가 깜짝 놀랐습니다. '이게 그때 본 책이 맞나?'라는 생각이 들었어요. 책은 눈부신 사유와 아름다운 문장으로 가득했습니다. 책이 혼자서 성장하거나 변했을 리는 없죠. 나 자신이 변한 것입니다. 10년간의 부지런한 사유의 힘 덕분이지요.

깊은 사색은 이렇듯 삶에서 보지 못했던 것들을 발견하게 해줍니다. 그래서 현대 철학자 미셸 푸코(Michel Foucault, 1926~1984)는 "스스로를 앎에 민감하게 만들라"고 했습니다.

생각하지 않는 사람들은 지식의 표피를 붙잡고 지금 이 순간의 허기를 채우려고 애씁니다. 그러다 보면 지식과 정보를 편식하게 됩니다. 그러나 생각하지 않음에서 비롯되는 공허함과 허탈감은 우리의 마음을 시시때때로 침식합니다. 존재를 사유하지 않으면 우리는 세상에 그저 이끌려갈 뿐입니다. 그러고는 죽음 앞에 이르러 모든 것이 사라질 때가 되어야 숨 막힐 듯 엄청난 공포를 느낍니다. 나의 존재를 늘 사색해온 사람은 다릅니다. 그들은 나를 탐구하는 여행이야말로 참된 길을 찾는 '길'이며 공포로부터 해방되는 '탈출구'임을 알고 있어요. 길을 아는 자는 잠시 어두운 터널에 들어가도 결코 두려워하는 법이 없습니. 버트런드 러셀도 "두려움을 극복하는 것이 지혜의 시작"이라고 했습니다.

지식에도 스노볼링 효과라는 게 나타납니다. 책을 부지런히 읽고 깊이 사색하다 보면 어느 순간 많은 현인이 결국 같은 이야기를 하고 있음을 알게 됩니다. 다른 시대, 다른 환경에서 나고 자란 사람들이 평생 깨달은 바가 일치하는 경우가 다반사입니다. 이는 분명 시대를 넘어 인간이 추구해야 할 가치가 있다는 것을 의미합니다. 이 진리를 여러 텍스트로 확인하고 완전히 내 것을 만들고 나면 그 뒤로는 지식을 흡수하는 속도가 훨씬 빨라집니다. 그러다가 일종의 통섭 수준까지 올라가게 되면 어떤 책을 보든 서문만 읽어도 어떤 내용을 이야기할지 예상할 수 있습니다. 공부란 이런 것입니다.

불출호지천하(不出戶知天下, 집 밖에 나가지 않아도 천하를 알 수 있다)[35]. 이것은 동양철학자 노자의 말입니다. 제가 가장 좋아하는 고사성어이기도 합니다. 우리는 지식을 쌓을 때 두 가지 방식을 채택합니다. 첫 번째는 감각적 경험에서 지식을 얻는 것입니다. 눈, 코, 입으로 들어오는 세상의 현상들을 보고 익히는 것이죠. 이를 위해선 부지런히 움직이고 탐색해야 합니다. 두 번째는 주관적 사유입니다. 이는 내면에 깊이 침잠해 마음의 상태를 아는 것입니다. 내 안에 이미 우주가 존재하고 있음을 인정하고 그것을 깊이 들여다봄으로써 세상 이치를 알아가는 것이지요.

동양철학에서는 이 두 가지가 따로 존재하는 것이 아니라 하나라고 말합니다. 고대 인도 경전인 베다에는 당신이 보는 것이 곧 당신 자신이라는 말이 있습니다. 서양 철학자 쇼펜하우어 역시 최고의 지식 단계는 범아일여(梵我一如, 우주와 나는 하나)라고 말합니다. 세상에 내가 존재하지만, 또한 세상도 내 안에 존재하는 법입니다.

현대 사회의 교육엔 사유하는 힘이 부족합니다. 우리의 교육도 '사유하는 힘'을 길러주기보다 문제를 풀기 위한 암기식 공부에 매달리죠. 저는 이것이 여러 부작용을 낳고 있고 현대인들을 생각의 빈곤 상태에 빠트린 주범이라고 생각합니다. 버트런드 러셀도 "사람들이 무지하게 태어날 뿐이지 멍청하게 태어나는 것은 아니지만 교육을 통해 멍청하게 된다"라고 통탄했습니다. 그런 점에서 저는 현대 우리 교육의 부작용은 '질문의 실종'이라 말하고 싶습니다. 우리 아이들은 고등 교육을 거치며 질문하는 법을 배우지 않습니다. 질문하지 않는 것은 진리를 추구하지 않는다는 것을 의미합니다. 세상이 왜 그러한지, 어떻게 그러한지, 왜 그래야만 하는지 묻지 않으니 남은 건 계시(주입식)로 진리를 받아들이는 것입니다. 물론 그것은 산업 성장을 위한 계시록입니다. 그런 점에서 우리 교육은 자본주의 사회화 측면에서 가장 성공한 훈련 모델일 수 있습니다. 그러나 이것은 '진리 추구'라는 학문의 본질과는 거리가 있어 보입니다. 저는 이것을 '신 문맹'이라 말하고 싶습니다. 단순히 글자를 모르는 것만이 문맹이 아닙니다. 건강하고 자유로운 시민으로서 갖추어야 할 상식과 비판의식이 없다면 이 또한 문맹일 수 있습니다. 질문 실종 사회의 가장 큰 특징은 언제나 반지성주의와 미신이 횡횡한다는 점일 것입니다.

우리가 자신의 존재를 자각하고 주체적인 삶을 살아가려면 사유하는 능력이 필요한데, 다들 직업을 얻기 위해, 부자가 되기 위해, 멋져 보이고 싶어서 더 많은 것을 얻기 위해 시간과 돈을 투자합니다. 당연히 부작용도 많습니다. 비싼 학비를 내고 치열한 경쟁을 통해 사회에 나왔는데 만족스러운 일자리는커녕 변변한 직업을 갖기조차 힘든 구조잖습니까? 이렇게 길러진 청년들이 사회를 불신하거나 필연적으로 이기주의로 빠지게 됩니다. 어쩌면 당연한 결과인지도 모릅니다.

국가는 인재를 기르는 데 자본을 투자해야 합니다. 그렇게 길러진 유능한 인재들은 국가에서 지원해서 성장했으니 국가에 헌신하려는 공공의식도 높을 것입니다. 그마저도 선진국 진학률은 50퍼센트 전후입니다. 왜 그럴까요? 대학을 가지 않아도 우아한 삶이 가능하기 때문입니다. 그러나 우리는 어렵게 각자가 알아서 공부해야 합니다. 그렇다고 대학을 가지 않으면 뿌리깊은 서열 사회인 한국 사회에서 품격있는 삶을 살기가 쉽지 않습니다. 그래서 치열하게 중고등학교 시절을 투자합니다. 아니 초등학교 때부터 경쟁에 돌입하여 공부합니다.

그런데 막상 졸업하고 사회에 나와 보니 일자리가 없습니다. 우여곡절 끝에 원하던 자리를 얻어 간신히 취업하게 되었다고 칩시다. 그때 사람들은 '소위' 본전 생각을 하게 됩니다. 내 돈 내고 내가 치열하게 공부해서 이렇게 사회에 나왔으니 경쟁에서 이긴 나는 그렇지 못한 사람들 위에서 군림하는 것이 당연하다고 여깁니다. 이런 생각이 요즘에는 '정의'와 '공정'이라는 이름으로 탈바꿈되어 유통되고 있는데요. 결국 부와 지위를 향한 맹목적 교육이 사회의 균형과 공공성을 해치고 있는 것입니다. 우리의 교육이 불행하게도 경쟁만을 가르쳤을 뿐 자아 성찰에서 비롯되고 연결되는 관계를 가르쳐주지는 않았기 때문이죠. 이렇듯 비뚤어진 정의감과 공정함을 주장하는 사람들이 점점 많아진다면, 우리 사회의 미래는 어떤 모습을 띠게 될지 자못 걱정됩니다.

현대 사회는 '과잉주의'로 인해 '깊은 주의'를 잃어버렸다.

_한병철

4장

실천: 윤리론
공동체를 지켜주는 철학

장프랑수아 밀레, 〈만종〉, 1857-1859

2015년 추운 어느 날 긴박하게 돌아가는 병동, 밖에는 세찬 바람이 불고 있다. 남자는 초조한 기색으로 똥 마려운 강아지처럼 안절부절못한다. 복도를 왔다 갔다만 한 시간째다. 당장이라도 쓰러질 것만 같다. 식은땀이 흐르고 심장이 뛴다. 그놈의 불안장애가 또 찾아온 것인가? 수술실 문이 열리고 한 여성이 침상에 누워 간호사들의 도움을 받아 나온다. 여성은 남자에게 웃으며 손을 흔들어 보인다. 그제야 남자는 진정이 되기 시작한다. 닥터 필로소피가 와서 아니 진짜 의사 선생이 와서 남자에게 말을 건넨다. "축하해요, 왕자님이네요."

남자는 원래 아이를 원하지 않았다. 삶의 부담이 생기는 것, 누군가를 책임져야 한다는 것이 두려웠다. 결혼할 때 "둘이 행복하자." 약속하고 결혼했다. 어느 날 그의 아내가 그를 한적한 카페로 불러냈다. 커피를 한 모금 들이킨 그녀는 어렵게 운을 뗐다. "아이가 필요해." 남자의 얼굴이 굳어졌다. 그녀는 말을 이어갔다. "당신과 나는 그냥 같이 사는 친구일 뿐이야" "나는 가족을 원해" 그러고 보니 그랬다. 우리는 가족이라 하기에는 서로를 너무 몰랐다.

남자는 그 일이 있은 후 오랫동안 가족, 울타리, 공동체에 대해 고민했다. 그 고민 끝에 지금 바로 이 병동에 앉아 있다. 남자는 어서 빨리 아이를 보고 싶었다. 방송에서 "○○○ 가족분들 올라오세요". 남자는 흥분과 설렘을 안고 신생아실 앞에 섰다. 남자는 너무나 놀랐다. "나와 똑같이 생긴 사람이 또 있다니!" 남자는 아이한테 평생 미안해야 할 생각에 가슴이 쪼그라들었다.

남자는 아이가 태어난 후 아동과 교육 문제에 부쩍 관심이 많아졌다. 뉴스에서 아동 학대 관련 소식이 나오면 밤잠을 설칠 정도였다. 불과 일 년 전에는 상상할 수 없는 일이었다. "왜 이런 변화가?" 모든 아이가 자신의 아이로 보이기 시작한 것이다. 없던 공감 능력이 생긴 것이다. 그날도 그랬다.

한 아이가 부모의 학대로 목숨을 잃었다는 뉴스를 보았다. 잠이 오지 않았다. 우리 사회가 사회적 약자들을 지키기 위해 무엇을 할 수 있을지를 밤새 고민했다. 닥터 필로소피가 그 순간 어깨를 두르며 말을 건넨다. "어이 친구, 진짜 어른이 되었군."

진화학에 따르면 인간종에는 우리가 조상으로 알고 있는 호모 사피엔스 외 다른 종이 더 있었다고 합니다. 그런데 다른 종은 모두 멸종하고 호모 사피엔스만 살아남았죠. 아프리카에서 태동한 호모 사피엔스는 다른 대륙으로 진출하면서 여러 경쟁 종들을 멸종시킵니다. 그중 네안데르탈인이 있습니다. 고고학자들에 의하면 네안데르탈인은 호모 사피엔스보다 개인적 능력이 더 뛰어났다고 합니다. 육체적 능력은 확실히 뛰어났고, 지능은 호모 사피엔스와 비슷한 수준이었다고 해요. 그들의 뇌 크기가 호모 사피엔스보다 컸다는 것은 역사 연구자들에게 큰 충격을 안겨주었습니다. 그러나 그들은 결국 호모 사피엔스에게 멸종당하는데요. 이유가 무엇일까요?

이스라엘의 역사학자 유발 하라리(Yuval Noah Harari, 1976~)는 세계적 베스트셀러가 된 자신의 책 《사피엔스》에서 그 이유로 '호모 사피엔스의 연결 능력'을 언급했습니다. 호모 사피엔스가 서로의 지식을 교환하고, 연결하고, 협력했다는 점이 달랐다고 말입니다. 즉 한마디로 호모 사피엔스의 팀워크가 네안데르탈인보다 월등히 뛰어났던 거죠. 공동체를 결집하고 활용하는 호모 사피엔스의 능력이 훨씬 뛰어났다는 뜻입니다. 유기적인 분업과 협업을 통해 개인 능력만 극대화된 다른 개체들을 압도한 것입니다. 연대와 협력은 이처럼 인간이 지구상 최강의 개체가 되게 해준 핵심 요인으로 꼽힙니다.

　요즘 저는 온라인 플랫폼을 통해 다큐멘터리 〈본능의 질주〉를 즐겁게 보고 있습니다. 다큐멘터리인데도 블록버스터급 재미가 있어요. 왜 이 시리즈가 시즌 5까지 나왔는지 알 것 같습니다. 이 영상물의 소재는 우리에게는 다소 생소한 카레이싱 '포뮬러 원'의 세계입니다. 전 세계 딱 20명만이 F1시트를 받을 수 있다고 하는데요. 유소년 때부터 줄곧 세계 1위를 찍어야 F1 선수가 될 수 있는 셈입니다. 축구로 따지면 월드랭킹 스무 명만 그라운드 위에 설 수 있는 셈이지요. 아무리 하위권 선수라고 해도 이미 월드클래스의 실력을 갖춘 것입니다. 이런 치열한 승부의 세계, 선수들의 승부 욕에는 장난 같은 건 없습니다. 이 세계에선 자기관리를 딱 한 번만 잘못해도 시즌 아웃입니다. 매 순간 경기를 위해 살아야 합니다.

　포뮬러 원은 우리나라에선 큰 인기를 끌지 못하고 있지만, 전 세계적으로 축구만큼 인기 있는 스포츠입니다. 브라질에서 가장 위대한 자국 스포츠 선수를 투표한 적이 있는데, 그 결과 놀랍게도 1위는 축구 영웅 펠레(Edson Arantes do Nasciment, 1902~2022)가 아니라 전설적인 F1 선수 아일톤 세나(Ayrton Senna da Silva, 1960~1994)였습니다. 세계 최고들이 모여 손에 진땀이 나는 승부를 펼치는 가운데 선수들은 자동차와 하나가 되어 레이싱을 합니다. 아니, 실은 선수들이 자동차 그 자체입니다. 0.1초에 목숨을 걸고, 전투기 조정사 급의 압력을 견디며, 늘 사선(死線) 위에서 핸

들을 잡아야 합니다.

그런데 이 대회는 레이서들만의 자리가 아닙니다. 그해 최고 자동차의 성능을 가리는 자리이기도 하죠. 또 이 경기를 위해 매해 200~300명, 많게는 1,000명이 넘는 스태프들이 힘을 모읍니다. 말하자면 선수, 자동차, 스태프들의 단체전인 셈입니다. 만에 하나 누군가 꼴찌를 해서 후원사를 못 잡으면 최악의 경우 그 팀은 해체됩니다. 즉 그들 모두의 생계가 한해 경기에 달린 것입니다. 레이서는 그 승리의 열망을 붙잡은 마지막 선수일 뿐이지요.

결승선 한 바퀴를 남기고 타이어가 펑크 나거나 브레이크가 고장 나는 일도 흔합니다. 선수만 잘한다고 이길 수 있는 게임이 아니란 뜻인데요. 스태프 중 단 한 명이라도 제 역할을 수행하지 못하면 경기에서 절대로 이길 수 없습니다. 아무리 재능이 뛰어난 레이서라 해도 좋은 팀을 만나지 못하면 우승은 어렵습니다.

이 다큐멘터리를 보면서 저는 세상사도 마찬가지 아닐까 생각했습니다. 눈앞에 보이는 건 '선수'이지만 결국 승부는 '팀과 팀'의 대결에서 결정되니 말입니다.

응답하라 1988

그렇습니다. 우리는 이렇게 서로를 의지하며 살아갑니다. 당신이 없다면 우리는 있을 수 없습니다. 제가 이렇게 글을 쓸 수 있는 것은 제 글을 읽어주는 독자 여러분 덕분입니다. 세상에 오직 독자적으로 존재하는 인간은 없습니다. 우리는 모두 누군가의 도구가 되거나 누군가를 도구로 삼습니다. 도구가 된다는 것이 꼭 나쁜 의미는 아닙니다. 서로를 연결하고 돕는다는 의미로서의 '도구성'을 말하는 것이니까요. 하이데거는 이를 '공동존재'[36]라고 말합니다. 그는 "엄밀한 의미에서 도구는 결코 혼자서 '존재'하지 않는다. 도구가 존재하기 위해서는, 하나의 도구 전체 속에 있어야 한다"라고 말했습니다. 인간은 홀로 존재하는 것이 아니라 공동으로 존재한다는 뜻입니다. 이처럼 필연적으로 서로 얽힌 인간의 존재방식은 이타적인 삶이 곧 이기적인 삶임을 증명합니다. 누군가를 이롭게 한다는 건 나의 세계를 구원하는 가장 확실한 방법이죠.

그래서 우리는 타인과의 관계를 통해 우리 존재를 더욱 명확히 정립해나갈 수 있습니다. 우리가 타인을 이해하고 배려해야 하는 이유입니다.

적자생존이라는 세계관에도 이제 변화가 필요합니다. 인류는 공존 공생하는 관계이지 서로 경쟁하고 적대하기 위해 태어난 게 아닙니다. 최근 한국 사회에는 경쟁에서 이긴 자에게 왕관을 주고, 경쟁에서 도태된 자들을 외면하는 것이 공정이라는 오해가 만연해 있습니다.

원시시대의 사피엔스는 작은 영역을 두고 치열하게 경쟁했습니다. 서로를 죽이며 생존했어요. 그러나 역사가 발전할수록 사피엔스는 경쟁 대신 연대를 선택합니다. 아이러니하게도 집단 간 경쟁에서는 연대가 유리하기 때문이에요. 사냥한 사람이 음식을 독점하지 않고 부족과 나누어 먹어야 부족 전체가 힘이 세지고 이로 인해 본인의 생존확률이 높아진다는 것을 오랫동안 경험을 통해 깨달은 것입니다. 인간의 진화를 발견한 위대한 지성인 찰스 다윈(Charles Robert Darwin, 1809~1882)은 인간의 진화는 공동체 안에서 다른 동물과는 다른 형태로 발전했다고 보았습니다. 예를 들어 동물 무리 중 병들거나 힘이 약한 개체는 자연적으로 도태되기 마련이지만 인간은 약한 개체라도 살아남을 수 있었습니다. 왜냐하면 인간 공동체가 보호했기 때문입니다. 이로써 "천재적이지만 앞을 못 보는 수학자는 신체적으로 열등해도 충분히 살아남을 수 있었다"라고 합니다. 이것이 동물에게서는 볼 수 없는 인간 진화의 비밀입니다. 육체적 약자라도 공동체의 보호로 뛰어난 지능과 경쟁력을 발전시킬 수 있었던 것이죠.

다른 인간 종이었던 네안데르탈인은 호모 사피엔스보다 월등한 신체 조건을 가졌는데도 공동체 의식이 호모 사피엔스만큼 발전하지 못했다고 합니다. 이 차이가 현생 인류에게 밀려 멸종되는 원인이 되었다고 합니다. 이런 역사를 통해 배울 수 있는 것은 공동체를 관리하는 것은 인간 집단의 가장 강력한 무기라는 점입니다. 잘 관리된 공동체는 더욱 발전해 국가를 이루고 그렇지 못한 공동체는 부족 수준에서 끝났습니다. 복지와 사회안전망은 바로 이런 지점에서 해석되어야 합니다. 경쟁에서 도태된 자들을 국가에서 관리하는 것은 공정을 넘어 국가경쟁력을 위해서도 이로운 일입니다. 퓰리처상을 네 번이나 수상한 미국의 시인 로버트 프로스트(Robert Frost, 1847~1963)는 "좋은 울타리는 좋은 이웃을 만든다"라는 유명한 말을 했습니다.

그래서 복지에 쓰이는 돈을 그저 손실비용으로 보는 것은 왜곡된 관점입니다. 복지는 건강한 사회를 유지하기 위한 투자이자 보험입니다. 병을 예방하기 위해 백신이 필요하듯이 사회적 질병을 예방하기 위해 복지가 필요한 것이지요. 복지는 사회의 여러 가지 위험 요소를 사전에 제거해 공동체 전체의 면역력을 높여줍니다. 소외, 범죄, 갈등, 분열, 혼란 이런 것들을 암암리에 자라 사회적 암으로 발전하는데요. 임계점이 넘으면 사회 전체가 뿌리째 흔들리고 병들게 됩니다. 사회도 문화도 경제도 정치도 모두 영향을 받아 결국 안전망 전체가 무너지게 되는 것이지요. 안전망 없이 모험하는 이들은 없습니다. 결국 장기적 침체와 저성장으로 연결됩니다. 그것을 막아주는 것이 사회복지의 존재 목적이 아닐까요?

힘은 본래 균형을 유지하기 위해 존재합니다. 힘은 정복하기 위해 존재하는 것이 아니라 서로 간의 적당한 공간을 지키기 위해 존재하는 것입니다. 밀어내고 당기며 서로 충돌하지 않기 위해서요. 중력과 원심력으로 인해 태양계의 행성이 하나의 태양을 중심으로 돌면서 충돌하지 않는 것도, 수많은 별로 가득 찬 우주가 사실 텅 비어 있을 만큼 '공'인 이유도 이와 같습니다. 미는 힘과 당기는 힘, 즉 반발력과 견인력이 동시에 존재하여 한쪽으로 쏠리지 않고 바로 거기에 위치하는 것을 가능하게 해줍니다. 우주의 질서와 유기체에 대해 깊이 사유했던 독일 출신의 사상가인 요한 요셉 폰 괴레스(Johann Joseph von Görres, 1776~1848)는 "유기적인 기관이나 체계 속에서 개별적으로 생산되는 모든 것을 지탱하는 것이 다름 아닌 상호 의존관계, 즉 '유기적인 체계'를 보장하며 대립을 통해 오히려 분명하게 드러나는 의존관계"[37]로 보았습니다. 동식물계의 적자생존 현상은 자칫 살기 위해 서로가 서로를 죽이고 없애는 파괴의 질서 같지만 실은 동식물의 종이 서로 공생하기 위해 힘의 균형을 유지하는 것입니다. 공존이자 공생이라는 뜻이지요.

즉 절대적으로 존재하는 것은 생명계에는 없습니다. 우리는 모두 상대적으로 존재합니다. 식물이 없으면 동물은 존재하지 않습니다. 동물이 존재하지 않으면 식물은 존재하지 않습니다. 산소가 없으면 생명은 존재하지 않습니다. 생명이 없으면 산소도 존재하지 않습니다. 이 모든 것 중 하나라도 없으면 인간은 존재하지 않습니다. "세계-내-존재"라는 실존주의의 현존재 개념을 빗대면 우리는 생태계 내 존재하는 것입니다. 우리가 곧 자연이고 자연이 곧 우리인 셈입니다. 그런 점에서 우리의 육체가 사라져도 우리는 진정 죽은 게 아니라 그저 자연의 변형일 수 있습니다.

이처럼 모든 것은 개별적으로 보이나 사실 연결되어 있고, 우리는 전체로서의 하나로 존재합니다. 생은 반복과 소멸을 통해 균형을 잡고 있으며, 완벽한 무는 없습니다. 눈에 보이지 않는다고 해서 사라졌다고 볼 수도 없습니다. 우리의 육신은 또 다른 생성의 에너지가 되며, 우리 정신은 문명이라는 이름으로 남아 그대로 살아가니까요. 우리 인간이 지구상에서 가장 특별한 존재일 수 있는 것은 바로 이런 섭리를 의식할 수 있는 유일한 존재인 덕분입니다. 동물은 삶과 죽음의 의미를 폭넓게 사유하지 못하지만, 인간은 이해합니다. 인간을 제외한 모든 생물은 본능에 의해 힘을 발산하지만, 인간은 그것을 의식하며 사용합니다. 즉 인간은 '실존'합니다. 이런 특별한 재능이 있다는 건 우리 인간에게는 다른 동물에게 주어지지 않은 특별한 의무도 있다는 것을 의미합니다. 그것은 아마도 이 지구상의 모든 힘을 조절하는 공존과 공생을 위한 균형자로서의 역할이 아닐까요?

생명의 원리를 떠올려보세요. 나뭇가지들이 좁디좁은 공간에서 함께 자라면서도 다른 나무의 영역을 절대 침범하지 않는 것을 볼 때, 저는 그 아름다운 비율 속 프랙탈(fractal)에 감탄합니다. 무질서한 듯 오묘하게 조화를 이루는 푸른 기하학 속 자연의 균형 말입니다. 나의 주체를 마음껏 팽창하면서도 타자의 가지를 꺾지 않는 것, 이야말로 우주의 질서가 아닐까요? 이것이 바로 프랑스의 현대 철학자 질 들뢰즈(Gilles Deleuze, 1925~1995)가 이야기한 "내재적이며 동시에 배척적이지 않은 관계 모델인 '리좀'(rhizome)"입니다. 공존의 공간은 땅의 크기가 아닌 배려의 크기에 있습니다. 자연이 우리에게 증명해준 것처럼요. 따라서 개인의 부(富)를 어느 한 사람의 100퍼센트 능력이라고 보기엔 어렵습니다. 정치철학자이자 명저 《정의론》의 저자인 존 롤스(John Rawls, 1921~2002)는 개인의 성공을 온전히 개인의 능력으로만 보는 것은 잘못된 생각이라고 합니다. 한 개인의 성장에는 사회의 기여가 있었다는 것이죠. 그래서 들뢰즈는 "우열은 없고 차이만 있을 뿐"이라고 이야기한 것입니다.

빌 게이츠(Bill Gates, 1955~)가 미국이 아닌 제3세계에서 나고 자랐다면 천하의 재능을 가졌다 한들 지금의 부를 이룰 수 있었을까요? 만 10세가 되기 전 가난과 질병으로 죽어가는 아프리카 아이들 가운데엔 전 미국 대통령 버락 오바마(Barack Obama, 1961~)의 재능을 가진 아이들도 있을 것입니다. 그렇게 누군가는 기름진 밭에 태어나 기회를 얻고, 또 다른 누구는 사막 한가운데 척박한 환경에서 태어나 생존의 기회조차 얻지 못할 수도 있습니다. 그런데 기름진 밭은 누가 일구었을까요? 그것은 우리 모두의 아버지 어머니로부터 유산으로 물려받아 사회 공동체가 유지하고 발전시킨 것입니다. 그 단단한 뿌리에서 개인의 부가 탄생한 것입니다. 그 부를 우리는 다시 모든 아들딸에게 기름진 밭으로 돌려주어야 합니다.

저는 기차를 타고 이동할 때마다 창밖에 펼쳐진 푸른 논밭을 보며 마음의 위안을 얻습니다. 어떤 농부가 기차 타고 지나가는 나에게 보여주기 위해 땀 흘려 농사지은 것은 아니겠지요. 그런데도 저는 그 모습을 바라보며 위로받습니다. 누군가의 삶은 아무 이유 없이 누군가의 삶에 위로를 줍니다. 이야기하지 않아도, 말하지 않아도 아무도 없는 태양 볕 아래 고독하게 농사를 지었을 농부처럼, 그는 나를 모르고 나도 그를 모르지만, 저는 분명 그의 일상이라는 작품에 영향을 받습니다. 마찬가지로 내가 무엇인가에 충실하다면 나로 인해 변화할 어느 누군가가 존재할지도 모릅니다. 거칠게 말해 우리가 직업적 편견을 버려야 하는 이유도 여기 있습니다. 사회시스템이 정상적으로 작동하는 근간에는 보이지 않는 곳에서 묵묵히 자신의 일을 수행하는 다양한 직업인들이 있습니다. 그들이 있기에 오늘 우리의 평범한 하루가 가능한 것입니다. 환경미화원이 없다면 도시는 쓰레기로 넘쳐날 테고, 대중교통 운전사가 없다면 우리는 멀리 이동할 수 없으며, 건설 노동자가 없다면 우리는 집을 가질 수 없고, 식당 종업원이 없다면 우리는 점심을 굶어야 하고, 미용사가 없다면 모두 장발로 다녀야 하고, 배관공이 없다면 목욕이 불가능할 겁니다. 그 누구라도 없으면 우리의 일상은 불가능합니다.

어렸을 적에 겁 없이 벌을 잡으려고 했다가 벌에 쏘인 적이 있습니다. 옆집 아주머니께서 물로 씻기고 연고를 발라주셨습니다. 바늘을 가지고 놀다가 발에 깊숙이 박힌 적도 있어요. 그때 옆집 할머니께서 우는 소리를 듣고 오셔서 발에 박힌 바늘을 빼주고 달래주셨습니다. 친구 녀석이랑 옥상을 타고 넘다가 추락한 적도 있는데 울음소리를 듣고 동네 아저씨들이 전부 뛰어나와 구해주기도 했습니다. 사진관을 하던 이웃집 고등학생 형은 어린 저를 업고 동시상영 극장에서 〈마루치 아라치〉 〈은하철도 999〉를 보여주었습니다. 더 보고 싶다고 투정하자 형은 무려 여섯 시간을 강제로 앉아 있었죠. 우리 아버지는 주말에 동네 아이들 전부 데리고 어린이 대공원에 가서 놀아주었고, 당시에는 매우 귀했던 통닭도 사주셨습니다. 앞집 부잣집 아이는 가난한 우리 집에서 밥 먹는 것을 더 좋아했는데, 우리 어머니는 그 친구의 밥까지 꼬박꼬박 챙겨주셨습니다.

제가 자란 80년대 풍경입니다. 그 시절 골목길 이웃들은 그렇게 서로의 아이들을 함께 보살폈습니다. 혼자 큰 것 같아도 함께 자라며 마을 사람들로부터 보호를 받은 것입니다.

요즘 우리가 타인에게 느끼는 분노의 감정은 이러한 상호호혜성(相互互惠性)을 상실했기 때문입니다. 얼마 전 엘리베이터에서 아랫집 아저씨를 마주친 적이 있습니다. 제가 "우리 집 아이가 너무 뛰어 죄송하다"고 말했더니, 아저씨는 "우리 아이도 뛰어요. 애들이 다 그렇죠, 뭐" 하면서 웃으셨습니다. 그 후 이번에는 윗집 아저씨를 만났습니다. 아저씨가 "우리 아이들이 너무 뛰어서 죄송합니다"라고 말씀하셨고, 저 역시 "애들이 다 그렇죠 뭐, 괜찮습니다"라고 대답했습니다. 얼마 뒤부터 우리는 서로의 안부를 묻고 경쟁적으로 먹을 것을 나누는 이웃으로 발전했습니다.

상호호혜. 이 덕목이야말로 사회에 가장 필요한 개념이 아닐까요? 인간은 감정의 동물이라 현실 그 자체보다는 현실의 의미를 어떻게 받아들이냐에 따라 변화합니다. 윗집 아이들은 여전히 뛰어놀고 우리 아이도 여전히 뛰지만 시끄럽다는 생각은 들지 않습니다. 불쾌하다는 생각도 들지 않아요. 층간 소음은 있지만 층간 분쟁은 없는 그런 사이가 되었으니 말입니다. 문제는 있지만 그것이 전혀 문제가 되지 않는 것은 문제시하지 않는 태도를 갖춘 덕분입니다. 우리 아파트 호수 라인은 여전히 시끄럽지만 평온한 일상을 유지하고 있습니다. 이 모두가 친절한 이웃들 덕분입니다. 그러니 우리는 늘 감사해야 합니다. 이 세상은 타인의 배려 없이 살아갈 수 없기 때문입니다. 이것이 공동체적 환대입니다.

Dr. 필로소피_열여덟 번째 솔루션

우열은 없고 차이만 있을뿐이다

_질 들뢰즈

단 한 사람의 고통도 외면하지 않으려면

공동존재인 우리는 그러므로 이 사회를 공동으로 이롭게 하는데 최선을 다해야 합니다. 그것은 타인의 신념을 존중하는 문화에서 출발합니다. 그러나 열 가지 중 한 가지가 맞지 않는다는 이유로 타인을 적대시하고 함부로 심판하는 사람들을 봅니다. 대단한 이기심이고 교만함입니다. 스스로 완벽한 존재라 자부하는 것과 마찬가지입니다.

완벽하게 정의롭고 선한 사람은 존재하지 않습니다. 우리는 서로의 의견을 청취하며 최대의 선을 향해 균형을 잡을 뿐입니다. 내 의견만이 옳고, 나만이 선이라고 생각하는 것만큼 위험한 사고는 없습니다. 그런 사람들이 힘을 얻었을 때 대부분 독재자가 됩니다. 타인을 배려하지 않는 자신만의 과도한 신념은 오히려 세상을 혼탁하게 하곤 합니다.

그래서 카를 포퍼는 "최선을 추구하지 말고, 최악을 제거하는

데 집중하라"고 말합니다. 냉전 시대에 사회주의자 마르크스가 있었다면 그 반대편에는 자유주의자인 카를 포퍼가 있었습니다. 그는 전체주의에 대한 맹렬한 비판으로 세계적인 명성을 얻었는데 《열린 사회와 그 적들》이라는 저서를 통해 전체주의의 모순을 공격했습니다. 특히 그는 플라톤, 헤겔, 마르크스 등을 전체주의 아버지라고 규정했는데 플라톤의 이데아론, 헤겔의 절대지, 마르크스의 프롤레타리아 혁명 등은 모두 이상주의 사회에 대한 목적성을 가지고 있다고 하면서 이를 '역사법칙주의'라 규정했습니다. 이런 역사법칙주의는 필연적으로 폭력을 동반한 전체주의로 흐를 수밖에 없다는 것이 포퍼의 입장입니다. 즉 역사의 필연적인 방향성이란 있을 수 없다는 것인데요. 저는 이러한 의견에 상당히 동의하는 편입니다.

아무리 진취적인 사상과 이념을 갖고 있다 한들 합리적인 문제 제기와 건전한 비판마저 하지 못하게 하고, 자신의 믿음을 모든 사람에게 강요하고, 여기 동의하지 않는 사람들을 적대시하는 사람은 히틀러와 다를 바 없는 파시스트이기 때문입니다. 진보적인 이념이라고 해서 늘 민주적일 것이라 생각하는 것은 우리가 흔히 하는 착각 중 하나입니다. 마르크스로 인해 생겨난 좋지 않은 도그마 중 하나가 많은 지식인에게 뿌리 깊은 역사법칙주의적 사고를 심어주었다는 것입니다. 역사가 하나의 목적성을 갖고 있고 그곳으로 향해 달려감으로써 어떤 특정한 선의 실현이 이루어진다는 사상은 유사과학과도 같은 종교적 믿음에 불과합니다. 세계적으로 존경받는 미국의 언어학자이자 진보 사회학자인 놈 촘스키(Noam Chomsky, 1928~)도 "마르크스주의는 그 자체가 교회 혹은 신학이 되곤 한다"[38]라고 비판합니다. 그는 "마르크스주의나 프로이트주의처럼 사람 이름이 붙은 학설은 일종의 종교로 미화되는 경향"[39]이 있다는 견해입니다. 사실 마르크스 이론은 레닌스탈린 체제 이후 정치철학으로써 내리막을 걷게 되는데, 수많은 학자 역시 이 원인으로 맑스주의의 종교화를 지적합니다. 이상적인 사회를 위한 수단이 되어야 할 사회 이론이 그 자체로 목적이 되는 현상으로 즉 매개가 목적 그 자체가 됐다는 것입니다.

이에 대한 반성으로 탄생한 프랑크푸르트 학파[40]는 사회운동에 반드시 휴머니즘이 전제되어야 하며 인간에 대한 사랑이 없는 변혁 운동은 사이비 운동일 뿐이라 말합니다. 그저 또 하나의 권력 이데올로기일 뿐이라는 것이죠.

반세기 전 대한민국도 이런 권력 이데올로기의 대표적인 희생지였습니다. 세상에 인간의 생명보다 중한 사상은 없습니다. 그래서 저는 80억 인구에게 공통된 유일한 가치는 모두가 공존하는 '평화' 외에는 없다고 생각합니다.

그러나 이 같은 일종의 역사에 대한 신화적 상상력은 많은 이들에게 특정한 이념에 대한 환상을 심어주었고 그것에서 벗어나는 자는 '역사를 거스르는 자'로 심판받아 마땅하다는 사고가 되었습니다. 불과 반세기 전 세계의 절반을 차지했던 공산주의가 실패한 것은 이처럼 잘못된 믿음의 결과이기도 합니다.

인간은 실존하는 존재입니다. 매뉴얼에 따라 기계적으로 움직이는 존재가 아니에요. 인간의 역사도 마찬가지입니다. 매 순간 인류의 숙의, 토론과 건전한 합의로 그때그때 살아 움직이면서 주체적인 실현을 이루어갑니다. 어떤 박제화한 목적을 향해 가야 할 길을 정하는 것이 아닙니다. 다른 가치를 인정하지 않고 오직 우리만 옳다고 말하는 어떤 특정한 이념을 맹목적으로 추구해서는 안 되는 이유이지요.

프랑스의 현대 철학자 미셸 푸코(Paul Michel Foucault, 1962~1984)의 저작 《광기의 역사》는 인류가 얼마나 잘못된 전체주의를 시행해왔는지를 보여줍니다. 그는 사람들이 정상과 비정상이라는 모호한 개념 아래 멋대로 기준을 세우고, 이에 따라 작위적으로 구분하고, 서로 감시하고 통제해왔다고 지적합니다. 푸코에 따르면 정상과 비정상은 그 사회가 어떤 틀을 유지하는지에 따라 결정된다고 하는데요. 푸코 철학에서는 이것을 '에피스테메'(시대를 지배하는 거대한 인식의 틀)라고 합니다. 비정상으로 분류된 사람들은 그렇기에 필연적으로 소수자 그룹이 될 수밖에 없습니다. 특별히 잘못한 게 없고 남들에게 피해를 주지 않아도 단지 인식의 틀에서 벗어났다는 이유로 차별과 배제의 대상이 되기도 합니다. 그러나 시대가 바뀌고 그런 인식틀에 거대한 변화가 생기면 관계가 역전됩니다. 공리주의적 사고가 지배하는 현대 사회에서는 단지 전체에 이득이 되지 않는다는 이유만으로 비정상 취급을 받기도 하죠. 그러나 사회 전체에 적용되는 이득의 방향이 바뀌면 인식틀도

달라지고 범주도 변하게 마련입니다. 그래서 푸코는 "하나의 사건이라는 층위에다 모든 것을 위치시켜서는 안 된다"[41]고 말하죠. 마찬가지로 20세기 구조주의 철학자들도 세상에서 일어난 일을 그 하나의 사건으로만 보고 접근하면 온전히 이해하기 어렵다고 말합니다. 한 사람이 어떤 행동을 했을 때 그 행동 동기를 오직 그 사람의 인격과 성품으로만 한정하면 사건의 거대한 원인은 이내 감추어집니다. 즉 모든 인간의 행동 동기에는 그를 둘러싼 구조 아래서 발생하기에 그 구조를 해부하는 작업이 선행되어야 한다는 것입니다. 그리고 그것을 이해할 때 사건의 진실과 마주하며 진짜 해결책을 찾을 수 있는 것이지요. 그래서 사회 문제를 해결하기 위한 가장 단편적이고 게으른 방식이 개인에게 모든 책임을 전가하는 방식일 것입니다.

이 세상에 과연 절대선이나 절대악이 존재할 수 있는지 가장 강력한 의문을 던진 철학자가 바로 프리드리히 니체입니다. 당시 니체의 철학은 파격 그 자체였습니다. 질 들뢰즈는 니체를 일컬어 "새로운 철학적 표현을 탐색하기 시작했다"[42]라고 평했을 정도죠. 니체는 저서 《도덕의 계보학》과 《선악의 저편》을 통해 기존의 도덕관념을 뒤집습니다. 그는 '절대선이 존재할 수 있는가?'라고 물으면서 이에 대해 회의적인 입장을 밝힙니다. 니체에 따르면 선과 악의 개념이나 경계는 역사마다 시대마다 상황마다 판단하는 기준이 다를 수밖에 없었는데요. 그런데도 인간은 절대 가치를 선정하고 나머지 사상들을 적대시하는 수많은 폭력을 자행했다고 지적합니다. 플라톤 이후 내려오는 서구 사상의 이분법(이데아와 현실, 진리와 비진리, 서양과 동양, 하늘과 땅, 백인과 유색인, 귀족과 천민, 문명과 야만)을 통렬히 비판하지요. 나아가 그는 선악의 이분법을 통한 목적론적 세계관 역시 비판합니다. 니체가 '망치를 든 철학자'라고 불리는 배경입니다.

이런 사례는 역사 속에서 얼마든지 찾아볼 수 있습니다. 미얀마에서 인권의 상징이었던 아웅산수치 여사는 집권 후 소수 민족인 로힝야족을 핍박하여 국제사회의 비난을 받았습니다. 그런데도 그녀는 또 다른 군부 쿠데타로 역설적이게도 다시 한번 인권의 상징으로 떠오릅니다.

미국도 그렇습니다. 어떤 나라에서는 미국이 구원자로 여겨지지만 어떤 나라에서는 침략자에 불과합니다. 놈 촘스키에 따르면 베트남 전쟁 당시 미국에 농촌 공습으로 난민이 되어 도시로 흘러드는 농부들을 보며 "미국의 지식인들은 '베트남의 도시화'라고 세련되게 불렀다"[43]고 합니다. 이런 식의 어법은 문제의 본질을 완전히 왜곡하는 것으로 지식을 지배 이데올로기 강화에 활용하는 것인데요. 실상 그들이 농촌을 없애던 이유는 그곳에 적군이 숨어들지 못하도록 하기 위해서였고 관리하게 편한 도시로 사람들을 강제로 이주시키기 위해서였다고 합니다. 이주하지 않는 농부들은 적군으로 간주해 사살됐습니다. 이렇듯 상당수의 지식인이 현상의 진실과 이면을 왜곡해 권력자들의 입맛에 맞는 사회해석을 하는데요. 오늘날에도 이런 식의 왜곡은 쉽지 않게 찾아볼 수 있죠. 스웨덴의 작가 얀 뮈르달(Jan Myrdal, 1927~2020)은 이런 지식인들을 일컬어 "이성의 담지자가 아닌 이성을 파는 창기들"[44]이라고 말했다고 합니다. 또한 국제사회의 리더 국가로 인정되는 독일은 한때 홀로코스트의 주범이었습니다. 나치에서 유럽을 구한 영국은 인도인을 재미 삼아 대포에 넣고 쏘아댄 잔혹함을 보여주었던 과거가 있습니다. 벨기에는 한때 식민지 사람들을 일을 열심히 하지 않는다는 이유로 손을 자르는 형벌을 내리곤 했죠. 오늘날 모두 국제사회에서 존경받는 국가들입니다.

제1차 세계대전 후 경제학자 케인스(John Maynard Keynes, 1883~1946)의 강력한 만류에도 불구하고 서방세계가 독일에 부과한 가혹한 전쟁배상금은 나치가 성장하는 데 불씨가 되었습니다. 이렇듯 전 세계에서 일어나는 모든 갈등과 폭력의 원인을 추적하다 보면 강대국의 이익에 관련된 복잡한 이해관계를 발견하게 됩니다. 여기에 인간 특유의 잔혹한 폭력성이 가미되어 결국 비극이 탄생하는 거죠. 때로 선에서 악이 피어나기도 하지만, 악에서 선이 피어나기도 합니다. 여기에 그 어떤 통일적이고 초월적인 선은 없습니다. 반대의 경우도 마찬가지입니다. 특수한 상황에서 그 어떤 나라든 천사가 될 수도 있고 악마가 될 수도 있습니다. 이것이 인간의 존재론적 한계입니다. 그렇기에 세계의 갈등을 선악의 이분법으로 단순 도식화하는 것은 몰이해입니다. 문제의 원인과 복잡한 이해관계를 들여다보고, 인류에게 고통을 가하는 문제의 참원인을 찾아내고 제거해야 합니다.

이때 한 가지 지켜야 할 게 있다면 바로 비폭력 정신입니다. 그러니, 반드시 퇴출해야 할 악이 있다면 대화와 협상이라는 인류 지성의 산물을 거부하는 호전적인 전쟁광들일 것입니다.

악은 어디에나 존재합니다. 세상에는 완전한 이론이나 완벽한 사상이 있을 수 없어요. 우리가 늘 잘못된 절대주의를 경계해야 하는 이유입니다. 자유주의든 사회주의든 그 어떤 '이즘'이든 한 가지만이 무조건 옳고 나머지는 틀리다, 라는 생각은 하나의 철학이 아닌 도그마일 뿐입니다. 버트런드 러셀도 자신이 "파시즘을 반대하는 이유는 인류의 일부를 선택해 그들만이 중요하다고 보는데 있다"[45]라고 말합니다.

철학자이자 공공 소통 이론가인 위르겐 하버마스(Jürgen Habermas, 1929~)는 "어떤 이데올로기든 파시즘이 될 수 있다"고 주장했는데요. 그는 합리적인 토론을 막고 열린 논변을 못 하게 하면 공론장은 권력화한 투기장으로 변질할 것이라고 경고했습니다. 그는 또한 열린 토론을 하고 싶다면 다음과 같은 원칙을 지키라고 강조합니다.

동일한 자연 언어를 구사할 것
진실만을 이야기할 것
대등하고 평등한 위치에서 토론할 것

너무 당연한 말 같다고요? 하지만 의외로 많은 사람이 이 원칙을 지키지 않거나 무시합니다. 동일한 자연 언어로 소통하는 것은 매우 중요합니다. 간혹 전문가들과 토론할 때 그들만의 학술적인 단어, 현학적이고 난해한 레토릭을 구사하는 것을 봅니다. 전공 학회나 전문 분야 토론회가 아니라면 이와 같은 방식은 무척 난감합니다. 누구와 소통해야 하는지를 분명히 이해해야 합니다. 꼭 필요한 상황이 아니라면 자신만이 아는 개념이나 단어를 상대방이 이해할 수 있는 언어로 바꾸어 말하는 노력이 필요합니다. 그러고 보니 저도 반성해야 할 것 같습니다. '진실만을 이야기한다'는 의미는 사실만을 이야기하라는 의미가 아닙니다. 자신이 느끼는 감정과 신념을 솔직하고 정확하게 말할 수 있는 용기를 말합니다. 위계나 정치적 구조를 고려한 토론은 최적의 대안을 방해하고 토론 결과물을 개인 전유물로 사유화하기에 그렇습니다. 그러므로 대등하고 평등한 위치에서 토론할 수 있는 훈련이 필요합니다.

생각에도 늘 협상과 타협 그리고 양보의 여지를 남겨두어야 합니다. 이것이 이성적 합리주의입니다. 양보와 타협이 없는 사상은 그 자체로 폭력이 됩니다. 반증 가능성이 있어야 과학의 자리에 오를 수 있듯이 반론 가능성이 있어야만 사상이고 철학이 됩니다. 그러므로 세상에서 딱 하나 배척해야 할 것이 있다면 폭력을 동반한 절대주의입니다. 이는 민주주의를 위협하고 세상을 경직되게 만들며 양보하지 않는 소수를 위해 다수의 희생을 요구합니다. 신념을 가장한 권력욕이며 탐욕일 뿐입니다.

자신이 무엇을 믿느냐는 중요치 않습니다. 그 믿음을 절대화하고 타인의 생각을 억누를 때 세상은 병들게 됩니다. 신념을 갖고 그 신념대로 살되 타인의 신념 역시 존중해야 합니다. 건강한 토론과 소통이 살아 있는 사회는 늘 다양성 안에서 조화를 꿈꾸기 때문입니다.

그래서 카를 포퍼는 "추상적인 선의 실현보다는 오히려 구체적인 악을 제거하는 데 주력하라"고 말합니다. 최선의 수단으로 행복을 만들려 하지 말고, 차라리 구체적인 여러 비참한 사태를 제거하는 것을 목표로 삼으라고요. 그는 또한 지나친 이상주의는 세상에 도움이 되지 않는다고 말합니다. 아주 멀리 있는 더 나은 세상을 희구하기보다 지금보다 더 나쁘지 않은 세상을 만드는 것이 훨씬 빠르다는 이야기죠. 이 진술이 탁월한 이유는 플라톤 이후 국가관이 대체로 이상 국가를 이루는 데만 목적성을 두었기 때문입니다. 그러나 인간은 원래 무척이나 불완전하고 결핍된 존재입니다. 이들이 모여 만든 국가 역시 불완전한 게 당연하지 않을까요? 그러니 국가는 결코 이상적인 사회가 될 수 없습니다.

지구상에는 수많은 종교, 사상, 철학, 이념, 세계관, 국가관이 존재하며 각자의 실타래 가운데서 복잡하게 엮여 있습니다. 서로 다른 문화권에서 호불호가 갈리는 이슈들이 첨예하게 대립함으로써 종종 분쟁과 전쟁의 원인이 되기도 합니다. 그러므로 이 모든 사상을 통합해서 한 방향으로 가겠다는 것은 오만이며 필연적인 실패로 이어질 수밖에 없습니다. 대부분의 이상주의자가 종국에는 폭력을 동반한 독재자의 길을 갔다는 점을 잊지 말아야겠죠?

서구 세계에서 그런 반성 아래 탄생한 것이 민주주의입니다. 버 트런드 러셀은 "민주주의가 결코 최선의 제도는 아니지만 이를 대 체할 그 어떤 정치제도도 인류는 아직 발견하지 못했기에 민주주 의를 지지해야 한다"라고 진술했습니다. 카를 포퍼도 "민주주의 는 모든 합리적 개혁을 위한 말할 수 없이 값진 전투장을 마련해준 다"[46]라고 했습니다. 인류는 이상사회를 만들기 위한 움직임을 멈 춘 뒤 최악을 제거하는 데 집중했고, 그 역사적 흐름은 독재와 왕 정 시대의 종말로 이어졌는데요. 이로써 알 수 있듯이 더 나은 사 회는 이상 국가의 실현이라기보다 정상 국가를 목표로 둘 때 더 구 체적으로 실현될 수 있습니다. 세계관의 충돌을 동반하는 이상과 이념은 결코 사회를 변화시킬 수 없기 때문입니다.

철학자이자 서울대 명예교수로 은퇴한 손봉호 선생의 《고통받 는 인간》에는 다음과 같은 내용이 나옵니다. "최대 다수의 최대 쾌 락보다는 최소수의 최소 고통이 더 윤리적이고 정당하다." 여러분 의 생각은 어떤가요?   저는 이 말에 동의합니다. 최대의 사람이 많은 쾌락을 누리기 위해 집중된 발전을 이루는 것보다 단 한 사람 의 고통받는 인간을 줄이기 위해 노력하는 것이 진정한 정의라고 생각합니다. 조금 더디게 가도 고통받는 사람을 우선적으로 줄여 나가는 데 힘을 모아야 하는 배경이지요. 고대 철학자 에피쿠로스 도 "현자의 목표는 쾌락을 주는 것이 아니라 고통을 없애는 일"[47] 이라고 주장합니다.

우리는 이따금 진보의 의미를 착각하는데요. 이때 장 보드리야르(Jean Baudrillard, 1929~2007)의 진술이 도움이 될 것입니다. "자본주의 체제의 진보에 불과한 것을 객관적인 사회적 진보로 받아들여서는 안 된다."

Dr. 필로소피_열아홉 번째 솔루션

최선을 추구하지 말고, 최악을 제거하라.

_카를 포퍼

오늘 눈물 흘리는 당신은 훌륭하다

에리히 프롬은 사랑은 "한 대상과의 관계가 아니라 세계 전체와의 관계를 결정하는 태도"라 말했습니다. 그런 점에서 그는 감상적 사랑은 사이비 사랑이라고 말하는데요. 여기서 감상적 사랑은 일시적이고 이기적인 감정을 의미합니다. 감정이 생길 때는 취하고 식으면 버리는 그런 태도 말입니다. 이것은 일종의 다른 형태의 소유욕이지 자기희생이나 이타성이 결여되었기 때문입니다. 리하르트 브레히트 역시 사랑이 단지 감정이라면, 더는 설레지 않는 오래된 연인이나 부부 사이는 사랑하지 않는 상태라고 말해야 한다고 말합니다. 그러나 사랑은 일시적인 감정이 아닌 방향 혹은 태도이기에 사랑하는 상태라고 정의할 수 있다는 것이죠. 그런 점에서 사랑의 속성은 '이해'와 '노력'이라고 말할 수 있습니다. 인류애 같은 숭고한 마음이 이에 해당합니다. 그래서 가장 기본적인 사랑은 바로 인류 공동체성을 회복하는 일입니다. 인류애는 프롬의 정의대로 세계에 대한 우리 사랑의 태도이기 때문입니다. 그러기 위해선 인류의 고통의 문제를 들여다볼 필요가 있습니다.

앞서 소개한 수학자이자 철학자인 버트런드 러셀의 삶은 그런 점에서 무척 감동적입니다. 그는 프레게, 러셀, 비트겐슈타인으로 이어지는 수리 분석철학 전통 안에 있는 분석철학자입니다. 세계적인 사상가이자 언어학자인 놈 촘스키는 다른 사상가들에 대한 박한 평가로 유명합니다. 자크 라캉에 대해선 '웃기는 인간'이라고 조소하기도 했지요. 그런 그는 러셀만큼은 지성인의 표본으로 보았습니다. 이는 아마도 자신과 같이 언어로 세계를 보았다는 점과 활발한 사회참여를 한 점에 공감했기 때문일 겁니다. 그의 저서 《촘스키, 러셀을 말하다》 서문에는 촘스키의 러셀에 대한 애정이 잘 드러납니다. 그는 "러셀은 이 세상을 올바르게 해석하려고 했을 뿐 아니라 그것을 변혁하고자 했다"라고 평했습니다. 촘스키에게 진정한 지식인이란 지식만을 추구하는 것을 넘어 행동하는 자인 것이지요.

저도 러셀의 책을 즐겨 읽습니다. 현재까지 《러셀 서양철학사》 《행복의 정복》 《철학이란 무엇인가》 《게으름에 대한 찬양》 등을 읽었는데요. 저 역시 그의 철학보다 그의 삶의 태도를 더욱 존경합니다. 러셀은 실천하는 지식인이었으며 행동하는 양심이었습니다. 특히 러셀은 인류의 고통에 대한 문제에 깊이 천착했던 휴머니스트였습니다. 세계대전을 겪으며 그는 반전 반핵 운동 전면에 섰고, 아인슈타인과 함께 그 유명한 '러셀 아인슈타인 선언'을 발표했습니다. 세계적인 이과 대장과 문과 대장의 연합이었죠. 이 선언의 핵심 문장은 "우리가 인간이라는 사실 외에 모든 것은 잊자"라는 것입니다. 대 학자들의 말 치고는 놀랍도록 서정적이며 아름답지 않습니까? 그는 모든 이념을 뛰어넘어 인류 공동체성을 회복할 것을 주장했습니다. 바로 우리가 연결되어 있다는 것을 아는 것입니다. 그리고 서로를 적극적으로 돕는 것입니다. 러셀과 같이 서로에 대한 연민의 감정을 품는 것만큼 고귀한 것은 없습니다. 그것이 설령 동정심이라고 해도 말이에요.

동정심이나 연민을 값싼 도덕이라 말하는 사람들도 더러 있습니다. 그러나 쇼펜하우어는 이렇게 말합니다. "모든 자발적인 정의와 순수한 자선은 이 동정을 유일한 그리고 진실한 토대로 하고 있다. 동정은 인간의 양심에 속한 부인할 수 없는 사실이며, 양심 본성의 고유한 발로이다. 그러므로 외부에서 주입된 사상이나 어떤 관념, 종교의 교리, 신화나 교육, 그리고 수양을 근원으로 하고 있지 않으며 인간의 천성으로부터 직접 자발적으로, 또한 한결같이 솟아나 모든 시련을 견디고, 어느 시대나 어떤 나라에도 나타나는 것이다"[48]라고요.

쇼펜하우어는 이것을 연민이라 했는데, 이는 감정이기보다 통찰[49]이라고 생각했습니다. 쇼펜하우어는 인간의 삶의 본질을 의지(욕망)로 보았습니다. 그러나 쇼펜하우어가 보았을 때 이것이 인간의 삶을 고통으로 몰아간다고 생각했습니다. 욕망을 달성하지 못하면 결핍에 허덕이고 채운들 권태가 찾아오기 때문입니다. 욕망은 또 다른 욕망을 낳으므로 영원히 고통의 굴레를 벗어나지 못합니다. 그래서 쇼펜하우어는 욕망을 소멸시키는 것만이 궁극적 평안과 행복을 달성하는 것이라 생각했습니다. 그렇다면 이런 끊임없는 욕망 상태에서 벗어날 수 있는 방법은 무엇일까요? 쇼펜하우어만의 독특한 철학이 여기에서 드러납니다. 그는 욕망을 이길 수 있는 방법이 '연민'에 있다고 생각했습니다. 욕망의 대상을 '연민의 마음'으로 통찰하자는 것입니다. 가령 우리는 타인을 욕망의 대상으로만 바라볼 때가 있습니다. 이성을 성욕의 대상으로, 동료를 경쟁의 대상으로, 타인을 착취의 대상으로, 대중을 돈벌이의 대상으로 소비하는 사람들도 많습니다. 이런 욕망 감정은 타자의 본질을 감추고 오로지 나의 욕망의 대상으로만 왜곡시키는 것입니다. 이것이 고통의 근원이 됩니다. 일종의 표상으로 인한 이미지를 만들고 이 허상이 욕망을 지어내는 것이기 때문입니다. 허상은 결코 채워지지 않습니다. 그러나 대상을 연민으로 바라보는 순간 타자의 정신과 영혼이 나와 다르지 않다는 것을 깨닫게 됩니다. 욕망 넘어 순수를 바라보는 것이죠. 타자의 허상이 아닌 실제를 바라보는 것입니다. 이 순간 우리는 진실한 감정에 닿게 됩니다. 즉 도구적 욕망을 넘어 고귀한 생명 대 생명으로의 본질적 동질감을 느끼게 되는 것입니다. 이때 생겨나는 상대에 대한 동정심을 쇼펜하우어는 단순한 감정이 아닌 욕망 상태를 벗어난 탈출 상태로 본 것입니다. 그런 연민의 눈으로 모든 것을 바라보면 모든 성공과 쾌락 넘어 생명 본연을 보게 됩니다. 더 나아가 모든 생명과 타인의 고통이 나의 고통으로 그들의 행복이 나의 행복으로 느껴지는 상태에 도달합니다. 즉 타자와 내가 구분되지 않고 온전히 하나임을 깨닫게 되는 것입니다. 이것은 남을 위한 이타적 감정이 나를 위한 이기적 감정으로 변모하는 기적이 됩니다. 그 순간 우리는 나 자신을 고통 속에 몰아넣는 욕망을 물리치고 평안 상태를 맞게 되는 것입니다.

에리히 프롬도 자신의 저서 《사랑의 기술》에서 인간의 사랑을 형제애, 모성애, 이성애 등으로 구분하는데 가장 기본적인 사랑의 형태를 '형제애'라고 말합니다. 다른 말로 인류애라고 말할 수 있습니다. 모든 인간은 하나의 조상으로 유전된 형제이기 때문이지요. 그래서 형제애는 인간의 가장 기본적인 사랑의 속성이라고 말할수 있습니다. 에리히 프롬은 그런 형제애가 드러나는 기본 감정을 '동정심'이라 말합니다. "무력한 사람을 동정함으로써, 인간은 형제에 대한 사랑을 발달시킨다"[50]고 하면서요.

러셀은 평생을 반전운동가로 살았습니다. 그의 특유의 인류에 대한 연민은 전쟁을 용납하기 어려웠어요. 사실 그렇습니다. 얼마나 대단하고 위대한 신념이고 이익이기에 사람을 마구 죽이면서까지 실현해야 할까요? 사실 그런 신념은 가짜입니다. 모두에게 불행하고 백해무익한 것이 전쟁입니다. 전쟁의 승자는 없습니다. 이긴 자도 패배한 자도 모두 불행해지는 것이 전쟁입니다. 그런데도 백해무익한 전쟁이 끊임없이 일어나는 이유는 여전히 인류 공동체가 확립되지 않았고, 저마다의 탐욕이 판을 치며 세상을 오롯

이 지배하는 탓입니다. 저 죽는 줄도 모르고 몸을 병들게 하는 암세포처럼 자신의 몸을 공격하는 것과 같죠. 지구의 모든 생명체는 서로 연결되어 있습니다. 인간도 마찬가지예요. 그래서 결과적으로 모든 것은 곧 나에게로 돌아온 게 됩니다. 누군가를 공격하는 것이 곧 나를 공격하는 것과 같은 이유죠. 인간은 언제쯤 이 단순한 진리를 깨닫게 될까요? 인간은 그 불완전성에 비해 너무 많은 능력을 가진 것은 아닐, 하는 생각이 들 때가 있습니다. 인간에 의해 자행되는 어마어마한 기술적 폭력, 바로 전쟁의 참상을 볼 때 특히 그렇습니다.

프랑스의 현대 철학자 자크 데리다(Jacques Derrida, 1930~2004)는 "서구중심주의의 울타리를 해체해 문명 간의 '차이와 연기'를 이해해야 한다"고 주장합니다. 그래야만 진정으로 공존의 문이 열린다고요. 세계 공동체에는 수많은 울타리가 존재합니다. 종교라는 울타리, 정치 이념의 울타리 등등 그 수많은 울타리 안에서 각각의 집단은 성벽을 높이 쌓고 오직 자신들만이 옳다며 주장하고 서로를 비난합니다. 그러나 얼마 전 이러한 각자의 절대성은 코로나19라는 전 지구적 위기 앞에 무력해지고 말았습니다.

퓰리처상을 수상한 《총균쇠》의 저자 재러드 다이아몬드(Jared Mason Diamond, 1937~)는 그래서 가난한 나라를 지원하는 일이 오히려 선진국의 미래에 꼭 필요하다고 강조합니다. 재러드 다이아몬드는 미래를 위협하는 것이 세 가지 있다고 말합니다. 그중 첫 번째가 신종 전염병의 출현, 두 번째가 테러리즘의 확대, 세 번째가 이민의 국제적 확산입니다. 공통점이 보이나요? 네, 이 모든 문제의 발원지가 가난한 나라라는 점입니다. 이는 곧 보건과 인프라의 취약함, 정치 경제적 불안, 분쟁과 내전의 확대에 기인합니다. 물론 이 세 가지는 이미 국제사회 전체에 영향을 미치고 있습니다. 미래 세계의 불확실성을 증가시키는 요인들이니까요.

근원적인 해결책은 결국 이러한 문제의 원인을 없애는 데 있을 것입니다. 그러기 위해선 선진국이 나서야 합니다. 대외 원조는 불쌍한 이웃 나라를 돕기 위한 자선 행위가 아닌 인류 공동의 미래를 위한 필요조건임을 인지해야 합니다. 재러드 다이아몬드는 또한 이타적 동기가 아닌 선진국들 자국의 이기적 욕망을 채우기 위해서라도 가난하고 정치적으로 불안정한 나라들을 지원하고 안정화하는 데 총력을 기울여야 한다고 말했습니다. 세계 공동체 의식이 필요한 것이지요. 집안을 아무리 단속해봤자 집 밖 위협을 그대로 두면 함께 망할 테니 말입니다. 따라서 우리에게는 넓은 시야가 필요합니다. 그는 계속해서 이렇게 강조합니다. "선진국으로 물밀듯이 들어오는 난민들이 걱정된다면 그 나라를 지원해라. 굳이 안정된 자국을 두고 타국으로 떠날 사람은 없다." "신종 바이러스가 걱정된다면 입국장에 격리할 게 아니라 현지에 더 많은 병원과 보건 인프라를 세워라. 전염병이 비행기를 타기 전에 막는 게 최선이다."

얼마 전 노벨평화상을 받은 무하마드 유누스(Muhammad Yunus, 1940~)도 비슷한 견해를 밝혔습니다. 코로나에 대한 각국

간의 보건 격차가 발생하는 이유는 백신 생산의 문제 때문이 아니라 백신으로 이윤을 극대화하려는 G10 국가의 전략에서 비롯됐다고 비판했죠. 인명 앞에 이윤을 앞세우면 세계 보건은 지속적인 위협에 처할 수밖에 없다는 것입니다. 유누스는 이러한 문제를 해결하려면 먼저 백신 기술 정보가 담긴 지적 재산권 규정을 없애야 한다고까지 주장했는데요. 왜냐하면 제3세계에 무료로 백신 기술을 알려주어야 한다고 생각한 탓입니다. 물론 그렇다고 해서 기업이 자본과 인력을 투입해서 개발한 것을 나라가 강제로 빼앗을 수는 없습니다. 그래서 유누스는 효과적인 대안으로 국제사회가 연합하여 공공기술제약회사를 세우고, 이곳에서 지구인 모두가 공동으로 질병에 맞설 수 있는 의료기술을 개발하며, 여기에 대한 지적 소유권을 무료화하여 어느 나라에나 공평하게 제공하자고 제안합니다. 그것이 인류 공동 생존의 핵심이라면서요. 인류가 공공체성을 잃으면 인류 생존의 치명타가 될 것은 자명하기 때문입니다. 이러한 주장은 전 세계인이 하나의 생존공동체임을 직시한 데서 비롯합니다. 그리고 이제 데리다의 말처럼 국가 간 차이를 극복하기 위한 새로운 해법을 모색해야 합니다. 이때 서로의 울타리를 연결해줄 수 있는 다리가 필요한데요, 유일한 공통분모인 그것은 과연 무엇일까요? 바로 휴머니즘, 즉 인간의 고통에 대한 연민입니다.

우리가 비극과 슬픔, 고통을 느낄 수 있다는 것은 우리에게 고귀한 재능이 있다는 증거입니다. 슬플 때 슬퍼할 줄 모르고, 분노해야 할 때 분노할 줄 모르고, 비극 앞에서 비통함을 느끼지 못한다면 그는 불완전한 사람입니다. 타인의 고통을 온전히 제 것으로 통감하는 재능은 인류사에서 가장 특수한 인물들에게만 주어졌던 눈부신 속성입니다. 위대한 성인들은 모두 이런 재능을 가진 사람들이었습니다. 인도의 작은 왕국의 왕자였던 싯다르타는 보리수나무 아래에서 수행 도중 해탈에 이르렀습니다. 그는 곧바로 열반에 들 수 있었으나 그 순간 수행을 멈추었습니다. 중생의 고통을 느꼈기 때문입니다. 거부할 수 없는 연민에 이끌려 사람들에게 가르침을 전파한 뒤에야 싯다르타는 고귀한 붓다가 되었습니다. 이는 그리스도의 성육신이 주는 교훈과도 같습니다.

수많은 성인이 우리에게 왔습니다. 그들이 주는 한 가지 공통된 가르침이 바로 "타인의 고통에 공감하라"는 것입니다. 어쩌면 그것은 우리가 인간으로서 생을 살아가는 데 있어 가장 높은 경지에 이른 목적일 수도 있습니다. 그러므로 지금 여러분이 느끼는 슬픔이라는 감정은 인간적인, 너무나 인간적인 고귀한 재능입니다. 그 재능으로 인해 세상은 공존합니다.

Dr. 필로소피_스무 번째 솔루션

단순하지만 누를 길 없이 강렬한 세 가지 열정이 내 인생을
지배해왔으니, 사랑에 대한 갈망, 지식에 대한 탐구욕,
인류의 고통에 대한 연민이 바로 그것이다.

_버트런드 러셀

할 수 있는 일과 해야 할 일 구분하기

우리가 지켜야 할 도덕률을 가장 명쾌하게 제시한 사람은 이마누엘 칸트입니다. 그는 도덕률에 대해 '정언명법'이라는 개념을 제시했는데요. 바로 "너의 삶의 준칙이 언제나 수단이 아닌 목적이 되게 하라"는 것입니다. 그뿐 아니에요. 칸트는 우리가 타인을 대할 때도 수단이 아닌 목적으로 대해야 한다고 강조하면서 그 방법에 대해 이렇게 말합니다. "해야 하는 것은 할 수 있다." 그렇습니다. 준칙이라는 것은 어떤 상황에서든 실천해야 하는 것이지, 때에 따라서 상황에 따라서 바꾸는 것이 아닙니다. 적어도 칸트에게 도덕이란 그런 것입니다. 저는 이것을 "해야만 하는 일은 충분히 할 수 있다"라고 받아들였습니다. 의지와 용기의 문제일 뿐 해야 하는데 할 수 없는 일은 없습니다.

우리는 이런저런 핑계로 마땅히 지켜야 할 삶의 준칙을 저버릴 때가 많습니다. 칸트의 도덕률은 "자신의 내면이 명령하는 일을 하라"고 말합니다. 그런데, 마땅히 할 일이란 대체 무엇일까요? 그것은 바로 자신의 양심의 소리에 귀를 기울이는 일입니다. 우리 사회가 낙후되는 것은 수많은 악당 때문이 아니라 수많은 방관자 때문입니다. 한마디로 마땅히 해야 할 일을 하지 않는 사람들 때문이죠. 자신이 해야 할 일임을 알면서도 애써 무시하고 도망치는 사람들 때문입니다. 두려움, 귀찮음, 부끄러움… 이 모든 것이 발목을 잡는다고 변명을 하면서요.

칸트는 "미성년 상태란 지성의 결핍이 아닌, 다른 사람의 지도 없이도 사용할 수 있는 결단과 용기의 결핍"이라고 말합니다. 그렇습니다. 어른이라면 소신을 가지고 눈치 보지 말고 옳다고 믿는 바에 따라 살아야 합니다. 그런 점에서 볼 때 우리 사회엔 어른이 부족합니다. 아마도 잘못된 일에 맞서는 소수의 주인공 옆에서 스스로 안전한 엑스트라를 추구하며 마음의 평화와 안식을 얻는 사람이 많은 탓이겠지요. 그들은 세상을 변화시키는 수많은 목소리 앞에 평가자로만 있길 원하고, 영화를 감상하는 관객의 입장에만 서 있으려 합니다. 몸은 어른이지만 마음은 여전히 초등학생입니다. 그래서 늘 '이래서 못 해' '저래서 못 해' 하면서 빠져나갈 길을 마련하기에 급급합니다. 그러나 생각해보세요. 그런 행동으로 일관하는 삶이 자신의 양심과 준칙을 따른 거라면 모르겠지만, 그렇지 않을 경우 "당신은 할 수 없는 것이 아니라 하지 않는 것"입니다. 마땅히 해야 하는 건, 마땅히 할 수 있으니 말입니다.

그래피티 페이먼트의 CEO인 댄 프라이스는 몇 년 전 자신의 연

봉을 90퍼센트 삭감하고, 직원들의 최저 임금을 7만 달러(한화 8천만 원 수준)로 올렸습니다. 그가 최저 임금을 7만 달러로 책정한 이유는 인간이 7만 달러를 벌 때 가장 행복하다는 연구 결과에 따른 것입니다. 이때만 해도 그는 자유주의 경제학자들로부터 사회주의자라는 비난을 받았고, 회사는 몇 년 안에 망할 거라는 조롱을 듣기도 했습니다. 그러나 현재 회사의 영업 이익률은 두 배로 성장했고, 어려운 코로나 시기도 직원들이 똘똘 뭉쳐 단 한 명의 해고도 없이 회사를 지켜냈다고 합니다. 애덤 스미스 이후 고전 경제학은 자유경쟁에서 자유방임으로 흐르며 자본의 중력을 배가해 큰 덩어리로 성장시키는 형태로 발전해왔습니다. 문제는 그 안에서 인간은 인적자원(human resources)이라는 말로 불리며 기계 같은 취급을 받습니다.

그 안에서 인간의 감정은 종종 무시됩니다. 회사를 유지하는 기타의 물적자원과 마찬가지로 생산성 지표에 따른 부품과 같은 취급을 받으니까요. 사실 1차 제조산업이 기본 베이스일 때 이런 경영 방식은 효율적이었습니다. 시간에 맞춰 생산물을 뽑는 데 있어 개인의 감정은 고려 요소가 아니었기 때문입니다. 그러나 거시경제는 이제 더욱 복잡한 형태로 발전하고 있고, 다양한 요소에서 인간의 창의력이 필요해지고 있습니다. AI는 인간의 지능을 알고리즘화하는 데에는 많은 부분 성공했으나, 아직 인간의 감정을 알고리즘화하는 데엔 성공하지 못했습니다. 나심 탈레브의 말대로 "인간은 우주와 같은 '복잡계'(하나의 법칙이 아닌 끝을 알 수 없는 다양한 불확실성으로 움직이는)이기 때문"입니다.

그만큼 인간의 심리를 이해하는 일이 모든 면에서 점점 중요해지고 있습니다. 고전 경제학의 쇠퇴와 행동경제학의 부상은 이런 맥락에서 이해해야 합니다. 행동경제학의 창시자이자 노벨경제학상 수상자인 대니얼 카너먼(Daniel Kahneman, 1934~)은 경제학자가 아닌 심리학자였습니다.

왜 소비자들은 불공정한 기업에 철퇴를 가하는가? 왜 갑질하는 기업을 불매하는가? 그게 나의 소비와 대체 무슨 상관이 있기에? 개인의 이기심이 작동되는 합리주의 경제학을 말하는 이들은 이를 결코 설명하지 못합니다. 즉 인간은 자본이 아니기 때문입니다. '합리적 인풋⇨아웃풋'의 도식은 기계에서나 가능한 것 아닐까요? 회사의 직원들도 마찬가지입니다. 그들은 생산 도구가 아닌 사람입니다. 그러므로 유능한 리더는 인간의 감정, 즉 직원들의 심리를 파악할 줄 알고 이를 생산성과 연결해야 합니다. 전통적인 기업균형성과관리(BSC:BalancedScoreCard) 관점만 잘 들여다봐도 내부고객만족도(직원)는 외부고객만족도(소비자)와 직결된다는 것을 알 수 있습니다. 따라서 유능한 조직은 직원의 꿈과 회사의 성과 목표를 영리하게 연결할 줄 압니다. 나의 운명이 연결된 조직을 소홀히 하는 바보는 어디에도 없을 테니 말입니다.

댄 프라이스는 이를 잘 실천한 경영자입니다. 그의 성공 요인은 칸트의 명령처럼 직원을 수단이 아닌 목적으로 대했던 데서 출발합니다. 우리도 할 수 있습니다. 그러려면 우리 사회가 조금 더 개인을 존중하는 사회로 변화해야 합니다. 집단의 목적보다는 각 개인을 존중할 때, 사람을 수단이 아닌 목적으로 온전히 대할 수 있을 것입니다. 우리 사회가 민주주의 국가로서 선진국 길목에 들어선 건 분명 맞습니다. 그러나 완전한 선진국이라고 하기에는 부족하고 빈약한 것이 너무 많습니다. 공동체 의식, 문화 의식, 역사의식, 사회의식, 자유로운 개인의식 등등 많은 면에서 빈곤합니다. 우리 사회는 아직 갈 길이 너무나 먼 것일까요?

Dr. 필로소피_스물한 번째 솔루션

너의 삶의 준칙이 언제나 수단이 아닌 목적이 되게 하라.

_이마누엘 칸트

평범한 악은 용서해야 할까

사람들은 개인주의와 이기주의를 혼동하는 경향이 있습니다. 개인주의란 "개인의 가치와 다양성을 인정하고, 이를 존중하는 문화"라고 정의할 수 있습니다. 우리나라는 오랫동안 집단주의 문화가 지배해왔습니다. 집단주의가 강한 국가의 장점은 국가가 위기 상황일 때 똘똘 뭉쳐 그 위기를 극복한다는 점입니다. 우리나라의 IMF 시기를 돌아보면 됩니다.

반면 집단주의 문화가 강한 나라는 개인의 특수성이 발전하지 못하는 단점이 있습니다. 한국에서 자란 아이들 대다수는 자신의 정체성을 '내가 사회 안에서 어떤 위치에 있는지'로 규정합니다. 그러나 개인주의 문화에서 자란 아이들은 '내가 생각하는 것이 곧 나의 정체성'이라고 규정합니다. 매우 큰 차이죠. 즉 한국 아이들은 '외적 세계'에 집중하는 반면 개인주의 문화권 아이들은 자신의 '내적 세계'에 집중하는 경향이 강합니다. 저는 이런 한국의 집단주의

문화가 이제는 조금 순화될 필요가 있다고 봅니다. 한국 아이들이 유독 경쟁 과잉이 심한 이유도 이와 무관치 않다고 보기 때문입니다. 문제는 이로 인해 진정한 행복을 공부할 수 있는 기회를 놓치고 "어떻게 살아야 하는지"에 대한 성찰도 하지 못한다는 점입니다. OECD 자살률 1위 국가라는 오명을 벗어던지는 데 필요한 것은 이렇듯 개인의 내적 세계를 존중하는 문화에서 시작됩니다.

새로운 생각이 이루어지고 새로운 산업을 발전시키기 위해서도 이러한 개인주의적 문화 토대가 더욱 강화될 필요가 있습니다. 그러려면 "모난 돌에 정을 때리는 문화"부터 바꾸어야 합니다. 80억 인구가 존재한다는 것은 80억 개의 내적 세계가 존재한다는 것과 같습니다.

또한 우리 사회엔 보다 합리적인 사고 양식이 필요합니다. 매카시즘의 잔해가 유독 많이 남아 있는 분위기만 보아도 그렇죠. 물론 정치 권력이 이를 이용해 오랫동안 지배 이데올로기를 생산해온 탓도 있지만, 진짜 문제는 이것이 하나의 문화처럼 자리를 잡았다는 점입니다. 세상에는 다양한 가치관과 세계관이 존재합니다. 이런 세계관을 통합해서 조화롭게 유지하는 것이 중용일 텐데요. 중용은 세계를 균형 잡히고 평화로운 세상으로 이끄는 필수 요인입니다. 합리주의는 이 중용을 견인하는 데 꼭 필요한 문화적 양식입니다.

합리주의는 우리 사회에 어떤 문제가 일어났을 때 그것을 들여다보는 과학적 사고입니다. 문제의 원인을 세밀히 진단하고 적절한 처방을 내리는 활동입니다. 마치 의사가 환자에게 적절한 처방을 내리는 것과 같습니다. 그러나 우리 사회는 이러한 과학적 사고가 숨을 틔우기 전에 "자신의 믿음에 따라" 문제를 깊이 들여다보지 않고 쉽게 재단하며, 규정해버리는 경우가 비일비재합니다. 모든 것이 종교화되고 있어요. 그러나 사회는 믿음의 영역이 아니라 사회과학의 영역입니다. 반증 가능성이 없는 믿음의 영역은 사회이론화할 수 없기 때문이죠.

우리는 절대주의적 사고를 버려야 합니다. 그러므로 "나만 맞고 너희는 무조건 틀리다"라고 말해선 안 됩니다. "나는 이렇게 생각하지만, 너는 생각이 다르니 어디 한번 따져보자"라고 말해야 합니다. '답정너'의 사회는 좋은 의견에도 자물쇠를 채워버리는 사회입니다. 무엇보다 우리 사회는 각 집단과 조직이 자신이 믿는 바에 대한 도전을 용납하지 않으며, 다른 의견을 묵살하는 경향이 강하고, 심지어 여론을 동원해 다른 의견을 핍박하기도 합니다. 이럴 때 필요한 사고가 바로 합리주의적 사고입니다. 합리주의는 이념이 아닌 사실관계를 명확히 분석해 사회에 나타나는 많은 양태를 들여다보는 것입니다.

그런 점에서 독일 출신의 여성 철학자 한나 아렌트(Hannah Arendt, 1906~1975)의 문장에 주목해야 합니다. 그녀는 인간성을 이렇게 정의합니다. "서로의 개성을 존중하는 것"이라고요. 우리가 동물이 아닌 인간일 수 있는 이유는 서로에 대한 이러한 포용력과 이타심에 있다는 것입니다. 또한 그녀는 "타인의 처지를 생각할 줄 모르는 자는 무능한 자"라고 말합니다. 우리의 이해와 소통은 서로 다름을 인정하는 데서 출발합니다. 아렌트는 여기서 '전체주의를 깨야 한다'라고 주장해요. 사실 그녀는 명저 《예루살렘의 아이히만》으로 세계적인 명성을 얻었습니다. 그 책에서 '악의 평범성'을 주장했죠. 잔혹한 인권 범죄를 저지른 나치 아이히만의 재판을 보며 아렌트는 그가 의외로 평범한 인간임을 통찰합니다. 그저 국가의 명령에 복종한 성실한 공무원일 수 있다는 것입니다. 이로 인해 아렌트는 많은 비판을 받기도 했습니다. 그러나 그녀는 나치 범죄를 옹호하려 했던 것이 아닙니다. 어느 누구든, 절대 악이 아닌 평범한 사람일지라도 악한 행동을 할 수 있다는 사실을 통찰한 것입니다. 즉 의식적인 이타성을 갖지 못하면 그 누구나 어떤 특정한 상황에서 악인이 될 수 있음을 보여준 것이지요. 버트런드 러셀 역시 "사실 세계는 부분적으로 선하고, 부분적으로 악하다. 이러한 명백한 사실을 부정하게 되어서 '악의 문제'가 발생한다"[51]고 말합니다.

악은 어디에나 존재합니다. 아렌트는 그런 악의 발로를 타인의 개성을 인정하지 않는 전체주의에 있다고 말합니다. 실제로 지나친 집단주의적 사고는 매우 위험합니다. 아렌트의 지적대로 전제주의나 집단주의는 악이 자라나기 좋은 토양이기 때문입니다.

위대한 수학자이자 논리학자인 앨런 튜링(Alan Turing, 1921~1954)은 2차 세계대전 당시 나치의 암호를 풀어내는 데 결정적 역할을 했습니다. 이로 인해 연합군은 수세에 몰리던 전세를 단번에 뒤집었죠. 그의 활약은 전후 50년간 비밀에 부쳐졌지만,

튜링은 암호 수학 체계를 바탕으로 고안한 튜링머신을 더욱 정교화했습니다. 이것이 바로 우리가 쓰고 있는 컴퓨터가 되는데요. 그가 고안한 알고리즘은 AI 기술의 초석이 되었습니다. 이제 그는 인류 문명의 진보를 가져왔을 뿐 아니라 국가를 위기에서 구하고 세계를 전쟁광들로부터 구한 역사적 인물로 평가받고 있습니다. 하지만 튜링은 비참한 말년을 보내야 했습니다. 단지 성소수자라는 이유로 말입니다. 다니던 직장에서 해고되었고, 그가 구한 조국에 의해 화학적 거세를 당했습니다. 결국 41세라는 젊은 나이에 튜링은 스스로 생을 마감합니다. 인간의 광기는 이렇듯 아주 단순한 동기에서 발현되기도 합니다. 자신이 구한 조국의 손에 죽어야 했던 희대의 천재라니요.

타인에게 물리적 폭력이 되지 않는다면 사회를 심각한 범죄로 오염시키지 않는다면 개인의 성향은 자유로워야 합니다. 마음으로 그것을 어떻게 생각하든 그 마음이 소중하든 말든 그 역시 자유지만 나와 다름을 결코 힘으로 제압해서는 안 됩니다. 사회철학자인 존 스튜어트 밀도 이렇게 말합니다. "다른 사람에게 피해를 주지 않는 한, 각자의 개성을 다양하게 꽃 피울 수 있어야 한다. 각자의 고유한 개성이 아니라 전통이나 관습에 따라 행동하게 되면, 인간을 행복하게 만드는 중요한 요소 가운데 하나이자 개인과 사회발전의 불가결한 요소인 개별성을 잃게 된다."

Dr. 필로소피_스물두 번째 솔루션

인간성이란 서로의 개성을 존중하는 것이다.

_한나 아렌트

공정함이란 무엇인가

공동체성 회복을 위해 필요한 것이 바로 '공정'입니다. 공정이
왜 중요한 것일까요? 여기에서는 철학자가 아닌 한 경제학자의 실
험을 이야기해야 할 것 같습니다. 바로 독일 출신의 경제학자 베
르너 귀스(Werner Güth, 1944~)의 실험입니다.

예전 한 회사의 인사팀장을 할 때 인상적인 경험을 한 적이 있습
니다. 월말 다음 해 임금인상안을 설계할 때입니다. 저는 두 가지
안을 내었습니다. A안은 전체적으로 모든 직원의 급여가 상당 수
준 오르지만 직원 간 격차는 커지는 구조였고, B안은 전체적으로
모든 직원의 급여가 소폭 오르지만 직원 간 격차는 작아지는 구조
였습니다. 직원들은 어떤 안을 선택했을까요? 놀랍게도 B안이었
습니다.

베르너 귀스는 최후통첩 게임이란 재미난 실험을 했습니다. 두
명의 참가자를 모집하고 둘 중 한 사람에게 100달러를 주고 그 돈

을 다른 한 사람과 자신이 원하는 방식으로 나눠 갖게 합니다. 전부 자신이 갖거나 반반으로 나눌 수도 있고 다 줄 수도 있습니다. 나머지 한 사람은 받든지 말든지만 결정하면 됩니다. 이때 배분권을 가진 사람이 자신은 99달러를 갖고 상대에게는 1달러만 주었을 때 어떤 반응을 보였을까요? 거절하면 결국 아무것도 없을 것입니다. 1달러라도 챙겨가는 게 낫지 않을까요? 그러나 대부분 사람은 이를 거절했습니다. 어차피 공짜 돈인데도 말입니다.

이유는 실험 참가자들이 불공평하다고 생각했기 때문입니다. 즉 사람들은 1달러를 잃는 것이 상대방에게 얕잡아 보이는 것보다 낫다고 판단한 것입니다. 만약 처음부터 받은 돈이 100달러가 아니라 2달러였고 1달러를 주었다면 어땠을까요? 아마도 순순히 받았을 것입니다. 같은 돈이라도 어떻게 받느냐가 중요한 이유입니다. 본 실험은 고전 경제학의 기존 관념을 뒤집는 결과였습니다. 이는 인간이 이성적이지만 동시에 감정의 동물이기도 한 것을 증명한 사례입니다.

유발 하라리는 자신의 저서 《호모데우스》를 통해 위 사례를 들며 "인간을 타고난 평등주의자"라고 말합니다. 즉 불평등에 대한 거부와 평등을 추구하는 행동은 수만 년 시간 동안 협력을 통해서 문명을 발전시킨 인간 DNA에 새겨진 생존본능이란 것입니다.

한번 곱씹어봅시다. 선진국 대열에 올라선 현재의 대한민국 국민은 왜 스스로를 불행하다고 여길까요? 왜 수많은 이들이 적어도 굶어 죽지 않음에도 자살을 생각할까요? 남미의 브라질보다 행복 지수가 낮은 이유가 무엇일까요? 이유는 생각보다 복잡하지 않습니다. 갈수록 불평등이 심해지고 있기 때문입니다. 무한 성장의 혜택이 결코 사회적 평등과 맞바꿀 수 없는 이유이기도 합니다. 우리나라는 놀라운 경제성장을 이루었지만, 정작 우리 시대는 절대 행복하지 않습니다. 빠르고 거대한 성장보다 느리더라도 균형적인 성장이 중요한 이유입니다.

얼마전 유엔에서 발표한 2023년 국가행복지수 리포트[52]를 살펴보았습니다. 많은 이들이 순위는 알고 있지만 어떤 기준으로 이게 측정되는지 모르는 경우가 많습니다. 국가행복지수는 아래와 같은 기준이 적용됩니다.

첫 번째는 경제적 수준입니다. 아무래도 먹고사는 문제는 인간의 기본권이죠. 그래서 경제는 가장 중요합니다. 두 번째는 사회안전망입니다. 즉 복지이죠. 인간을 가장 불행하게 하는 것은 불안이라는 감정인데요. 탄탄한 사회안전망은 실패에 대한 두려움을 경감시켜 국민의 사회적 효능감을 높여줍니다. 세 번째는 기대수명입니다. 수명과 건강은 행복감의 기본요소이지요. 네 번째는 자유 지수입니다. 국민이 자유로운 정치적 행동과 의견을 표명할 수 있는 것이 중요한 요소입니다. 억압과 통제는 불행의 시발점이 됩니다. 다섯 번째는 사회적 이타성입니다. 이게 굉장히 중요한 요소인데요. 우리는 홀로 살아갈 수 없는 존재입니다. 사회적 관용, 사회가 얼마나 서로에게 관심을 두고 환대하며 관계하느냐가 중요합니다. 개인의 이기심이 늘면 국가 전체가 하나의 경기장으로 변합니다. 오로지 경쟁만 있는 사회는 불행할 수밖에 없어요. 마지막은 부패 지수입니다. 사회가 부패했다는 것은 공정한 기회가 없다는 뜻과 같습니다. 공정함은 인간이 희망을 가지고 사회의 공동체의 일원으로 존재할 수 있는 가장 중요한 기본권입니다.

2023 보고서에는 역시 노르딕 국가들이 최상위권을 유지하고 있어요. 1, 2, 3위는 각각 핀란드, 덴마크, 아이슬란드입니다. 그렇다면 대한민국은 어떨까요? 총점 10점 만점에 5.9로 세계 57위, OECD 38개국 중 35위로 최하위 수준입니다. 우리는 세계 10권에 육박하는 경제력을 가지고 있음에도 왜 이리 낮을까요? 사실 이런 질문 자체가 '범위의 오류'입니다. 과목이 한 과목이 아니기 때문이에요. 이는 마치 수학은 백 점 맞았는데 왜 나는 전교 10등 안에 못 들었을까, 하고 묻는 것과 같습니다. 실상 성적표는 이렇습니다. 수학:100 국어:30 영어:30 역사:30 도덕:30 체육:70 정도 되는 것이지요. 즉 안타깝게도 평균 미달인 셈입니다. 그런데도 우리는 자꾸 한 과목에만 매달여요. '경제성장'이라는 과목이지요. 하지만 그것은 행복의 요소를 가늠하는 여러 척도 중 하나일 뿐이에요. 한 과목 점수만 보고 공부 잘하는 줄 착각하는 것입니다. 이렇게 따지면 우리는 공부를 잘하는 국가가 아닙니다.

앞으로도 계속 한 과목만 신경 쓰면 전체 평균 석차가 앞으로도 오를 일은 없을 것입니다. 아직 갈 길이 멀죠. 앞에 행복을 위한 기본요소 중 경제만큼 중요한 것이 무엇일까요? 바로 불평등을 없애는 것입니다. 사회안전망 지수, 부패 지수, 사회적 이타심은 모두 여기에 해당됩니다. 자유 지수도 소극적 자유와 적극적 자유가 있어요. 소극적 자유는 나의 기본권리가 침해받지 않을 자유라면, 적극적 자유는 내가 원하는 삶을 살아갈 수 있는 행복의 극대화를 이야기해요. 그러나 불평등은 이런 적극적 자유를 침해합니다.

특히 준거집단 내 불평등의 심화를 경계해야 합니다. 준거집단이란 내 삶의 기준점이 되는 비교그룹을 말하는데요, 2021년 우리 사회는 부동산값 폭등으로 홍역을 앓았습니다. 이때 사회적 갈등이 무척 심화되었습니다. 대중의 분노가 더욱 커진 것은 준거집단 간에 격차가 더욱 커졌기 때문입니다. 재벌들에게 천문학적 재산이 있다 한들 대중은 이에 대해 잘 분노하지 않습니다. 그들은 일반 대중의 준거집단이 아니기 때문이죠. 여러분은 세계적인 부자들, 예를 들어 빌 게이츠나 워런 버핏에게 그들이 돈이 많다고 나보다 잘 번다고 질투심을 느껴본 적이 있나요? 그러나 주변 지인, 친구, 친척들과의 격차에 대해서는 민감하게 반응합니다. 참으로 이상하죠? 무슨 차이가 있을까요? 이들은 일반 대중의 준거집단 그룹이기 때문이에요. 불과 몇 년 만에 부동산 하나로 이들 사이에 자산 격차가 두 배 세 배로 벌어진다면 이것이야말로 대중을 분노하게 만드는 핵심 요인이 되는 것입니다.

예전 한 유튜버가 단기간에 엄청난 돈을 벌었습니다. 특별한 범법행위를 하지도 않았는데 비난의 화살이 쏟아졌습니다. 그런 논리라면 평소 재벌들한테도 같은 잣대를 들이대야 하는데 유독 왜 이들에게만 민감하게 반응했을까요? 그들이 준거집단 그룹에 속했기 때문입니다. 나랑 비슷한 사람인데 왜 갑자기 부를 얻은 것인지, 뭔가 불공평하게 돌아가는 게 아닌지 의심하는 마음들이 모였기 때문입니다. 그러므로 경제정책을 추진할 때 준거집단 간 격차를 세밀히 관찰하고 관리해야 합니다. 대중은 준거집단 밖에 있는 사람이 천억을 버는 것보다 내 이웃이 몇억을 더 벌었느냐에 관심이 많기 때문입니다. 만에 하나 거기에 불로소득이 더해진다면 감정은 더욱더 격해져요. 억울하고 안타깝지만 인간 심리 안에 내재된 생존본능이기에 어쩔 수 없습니다. 균일하고 공정한 거래를 이루는 것이 공동체를 유지하는 데 무엇보다 중요한 과제라고 판단하는 배경입니다.

"눈에는 눈, 이에는 이"라는 말이 있죠. 일명 탈리오 법칙이라 불리는 이 법은 고대 함무라비 법전과 성경에도 나오는 인간 사회의 원칙입니다. 즉 내가 받은 만큼 동일하게 돌려주는 것이 정의라고 말하는 것인데요. 많은 사람이 이 법을 잔인한 복수의 원칙이라고 받아들입니다. 의미를 잘못 이해했기 때문인데요. 사실 이 법은 신의의 원칙이기도 합니다. 받은 만큼 되돌려주는 동등 교환의 원칙은 인간 사회를 유지하기 위한 필수 요인이기 때문입니다.

칼 마르크스(Karl Heinrich Marx, 1818~1883)는 현대 사회의 교환가치 성립에 대해 이렇게 이야기합니다. "세계에 대한 인간의 관계를 인간적 관계라고 전제한다면, 그대는 사랑에 대해서는 오로지 사랑으로, 신뢰에 대해서는 오직 신뢰로만 교환할 수 있는 것이다."[53] 그렇습니다. 사랑은 사랑으로, 신뢰는 신뢰로서 되갚는 것입니다. 모든 분쟁과 분열은 바로 이 원칙을 지키지 않기 때문에 일어나지요. 공동체의 신뢰가 무너지는 이유는 바로 이런 교환가치를 온전히 지키지 않았기 때문입니다. 예를 들어 선거철만 되면 정치인들은 유권자들에게 표를 달라고 애걸합니다. 그러나 정당한 교환가치는 잘 지켜지지 않습니다. 당선되고 나면 '나 몰라라' 하는 경우가 더 많으니까요. 정치인들의 약속과 유권자의 표는 서로 동등 교환하는 것입니다. 이것을 지키지 않으면서 정의를 외치는 건 도둑놈이 공정거래를 외치는 격과 다르지 않습니다. 그러나 대다수 정치인은 유권자를 교환가치가 아닌 사용가치로만 소비해버립니다. 이것은 기만행위이며, 정당한 임금을 지급하지 않는 업주와 같은 것입니다. 마치 임금 체납처럼요. 우리의 정치에서 신뢰가 점점 사라지고 있는 이유도 그 때문이 아닐까요?

역사 속에서 그 시대의 경제나 정치 제제를 대표하는 공통된 윤리가 있었습니다. 사실 '공정성'이라는 윤리는 비교적 최근에 강조된 윤리로 아이러니하게도 자본주의 체제 안에서 대표적으로 부각되고 강화된 윤리입니다. 에리히 프롬도 "공정성 윤리의 발달은 자본주의 사회의 특별한 윤리적 공헌"이라 이야기했습니다.

자본주의 체제 자체가 '동등한 교환'의 전제 아래 시작됐고 유지될 수 있는 체제이기 때문입니다. 즉 교환가치입니다. 그러므로 시장 반칙은 민주주의적 가치를 넘어 자본주의 체제를 위협하는 가장 악질적인 행동일 수밖에 없습니다. 자본주의는 '시장'이라는 공통된 경기장에서 동등한 교환이라는 게임의 법칙을 통해 경쟁의 질서와 시장 순위가 결정되기 때문입니다. 그것을 존중하고 받아들이는 것이 자본주의입니다.

그런 점에서 주가 조작 등 반칙과 편법으로 구속된 기업인들에게 경제에 타격이 된다는 이유로 종종 면죄부를 주는 법원의 판결은 가장 반자본주의적 행태가 되는 셈입니다. 이는 마치 도핑 테스트에 걸린 선수를 공정한 경기를 위해서라며 출전시키는 것만큼 황당한 결정이죠. 현대 자본주의에 메카인 미국은 경제사범에 대해서는 무자비한 판결로 대가를 묻습니다. 미국을 지탱하는 원리인 '자본주의의 적'으로 규정하기 때문입니다. 반면 우리는 경제사범들이 무거운 책임에서 빠져나오는 장면을 종종 봅니다. 이런 점에서 아직 우리나라는 사실 온전한 자본주의 국가로도 보기 어렵지 않을까요?.

뉴스 미디어는 늘 시장 경제의 중요성을 논합니다. 장사의 룰도 안 지키는 사람들이 사업의 가치를 논하는 것만큼 종종 허망하게 들리는 이유입니다. 자본주의 경제에 동등한 사용가치와 교환가치를 천명했던 경제학자 애덤 스미스(Adam Smith, 1723~1790)가 무덤에서 일어난다면 우리 사회에 과연 어떤 평가를 내릴까요?

Dr. 필로소피_스물세 번째 솔루션

불공정한 거래를 하느니 차라리 빈손을 선택하겠다.

_베르너 귀스

모든 변화는 나로부터 시작된다

    사랑에도 행동이 뒷받침 되지 않으면 공허한 메아리에 불과합니다. 현대 여성 철학자인 시몬 베유(Simone Weil, 1909~1943)는 다 '같은 말'이라도 "그 말을 대하는 태도에 따라 평범해질 수도 특별해질 수 있다"고 했습니다. 세상의 부조리함을 바꾸고 진정 사랑을 실천하려면 그것을 행동으로 옮겨야 한다는 말입니다. 성경 속 예수도 "내가 너희를 사랑한 것 같이 너희도 서로 사랑하라"라는 이야기를 했습니다. 여기에서 중요한 지점은 "너희도 서로 사랑하라", 이전에 "내가 너희를 사랑한 것 같이"가 전제한다는 것입니다. 참으로 직관적이고 아름다운 문장입니다. 나의 아이가 사랑받는 아이로 크길 원하면 내가 먼저 사랑할 줄 알아야 합니다. 마찬가지로 세상이 정의롭길 바란다면 내가 먼저 정의롭게 살아야겠죠.

    에리히 프롬도 "사랑이란 특정한 대상에 대한 감정이 아닌 세상을 대하는 나의 태도"라고 했습니다. 이는 사랑이 개인 안에 머무르는 것이 아닌 세계를 품는 행동이라는 의미이기도 합니다. 결국 사랑이란 인간의 마음 안에만 머무는 것이 아닌 겉으로 드러나야 함을 말하는 것 아닐까요?. 사랑이 세상을 향한 태도라면 그 태도가 드러나는 실천이 사랑의 증거가 될 것이기 때문입니다.

즉, 우리는 '참여'해야 합니다. 사르트르는 "실존주의는 휴머니즘"이라고 말했는데요. 샤르트르는 그 이유로 "타인은 나의 실존에 필수적이기 때문"[54]이라고 강조합니다. 그렇기에 그는 실존은 곧 앙가주망(참여)에 있다고 강조했습니다. 우리가 자유로운 실존을 구현하려면 사회참여가 필수라는 것입니다. 사르트르에 의하면 실존은 "억압에 대한 끊임없는 투쟁을 통해 달성할 수 있는 것이기 때문"입니다. 그는 또한 "실존은 본질에 앞선다"라고 강조합니다. 본래적 도구성으로서의 본질, 즉 목적론적 인간으로서의 고전 도덕을 넘어서는 그 지점에 인간 실존의 위대함이 있다고 보았기 때문입니다.

사르트르는 나아가 "인간은 자유롭도록 선고받았다"라고 말합니다. 던져진 존재인 인간은 완벽하게 자유로우나 그 자유로운 선고 안에서도 어떤 도덕적 목적이 아닌 자유 그 자체로서 인간 공동체를 향해 기투(던지는 나)함으로써 참여한다는 것이지요. 그것이 바로 하이데거의 표현을 빌자면 '공동존재'이며, 더불어 존재하는 인류 공동체의 '연결성'입니다.

목적이 아닌 주체적 인간으로서의 서로를 지켜내는 개인의 존재 방식은 타인의 존재 방식에도 영향을 줍니다. 그렇게 서로에게 영향을 주는 공동체가 바로 참여적 사회죠. 그렇기에 누군가는 자신의 선제적인 실존으로 공동체의 존재 방식을 새롭게 '선구'할 수 있는 것입니다. 그 선구는 '더불어 사는 공동체'를 자유로운 정신으로 달성하지요. 그렇기에 우리는 참여를 통해 우리의 실존을 더욱 명확히 할 수 있다는 것이 바로 사르트르가 말한 "실존주의는 휴머니즘"이라는 말의 의미입니다.

또 다른 실존주의 철학자인 칼 야스퍼스도 나치에 저항하며 그만의 실존 철학을 완성했습니다. 그는 사람을 이해하기 위해서는 그 사람뿐 아니라 그가 처한 상황을 이해해야 한다고 했습니다. 실존주의에서는 '세계—내—존재'라는 개념으로 존재를 이해합니다. 우리는 존재하되 세계 속에서 존재한다는 의미이지요. 세계 없이는 존재도 없다는 것입니다. 이를 야스퍼스의 어법으로 바꾼다면 '상황—내—존재'[55]라고 이야기할 수 있습니다. 그래서 인간을 이해할 때는 그가 처한 환경 역사적 상황 속에서 이해되어야 한다는 것이지요. 이는 인간의 행동을 이해할 때 필요한 시야입니다. 한 사람의 행동을 이해하려면 그는 지금 어떤 국가에 사는지, 어떤 제도 아래 있는지, 어떤 경제 구조에 살아가는지, 그거 처한 환경은 어떠한지 '선이해'해야 합니다. 한 사람을 평가할 때 그런 상황과 구조와 맥락 안에서 봐야 한다는 것이지요. 그런데도 야스퍼스는 상황에만 이끌려가는 것은 실존하는 것이 아니라고 보았습니다. 좀 박하죠? 그는 억압받는 상황 속에 그것이 옳지 않다고 생각함에도 그대로 순응하는 이들을 '현존재적'이라고 말했습니다. 그냥 그곳에 존재한다는 의미로 받아들이면 될 것 같습니다. 그러나 불합리한 상황 속에서도 모순과 불합리를 깨닫고 끊임없이 저항하는 이들을 그는 진정 실존하는 인간이라고 말하고 있습니다. 나치에 저항하여 아내를 끝까지 지켰던 일도 그의 철학이 드러나는 지점입니다. 그런 의미에서 진정 실존 하는 인간이란 자신의 의지로 옳다고 믿는 정의를 향해 상황에 굴하지 않는 인간일 것입니다. 사르트르 역시 "현 상태로 머물지 않는 것이 인간이며, 현 상태로 있을 때 그는 더는 가치가 없다"고 이야기했는지도 모릅니다.

사르트르는 더 나은 실존을 위해 참여하라고 권합니다. 그 참여가 곧 '행동'인데요. 이것을 다른 말로 하면 "실존주의는 행동주의다"가 되겠군요. 그러므로 만일 우리가 눈앞의 불의를 못 본 체한다는 것은 곧 실존과 반대되는 행동을 하는 것입니다. 사람들은 대개 사회 안에서 내게 주어진 역할에만 충실하면 되겠지, 라고 생각합니다. 그러나 철학의 언어들은 이런 행동양식이 실존을 위배하는 것이라고 말합니다. 실존은 자신의 자유를 달성하기 위해 힘차게 반대할 줄도 알아야 하기 때문입니다. 니체 역시 분노할 줄 모르는 것은 노예의 도덕이라고 말했잖습니까? 에리히 프롬은 "소수만을 위한 밥상이 차려지고, 다수는 이들 소수의 목적을 위해서 일하면서 찌꺼기로 만족하게 만들어야 하는 한, 불복종은 곧 죄라는 의식을 고취될 필요가 있었다"[56]고 말합니다. 세계적인 베스트셀러 작가이자 철학자인 미하엘 하우스켈러(Michael Hauskeller, 1964~) 역시 "철학적 궁금증이란 단지 지적 호기심이 아니라 도덕적 분노에 해당한다"[57]라고 주장하죠. 그의 말에 따르면 철학적 의문이란 세계가 응당 그래야 하는 것이 아니라는 사실을 지각하는 데서 기인하기 때문입니다. 그렇습니다. 우리가 우리 삶의 진정한 주인이라면 분노할 줄 알아야 합니다. 우리가 입법자라면 스스로 판결할 줄 알아야 합니다. 잘못된 취급을 받으면서도 분노하지 않는 건 우아한 게 아니라 학습된 무기력일 뿐입니다. 그렇기에 우리 삶의 실존을 사회 속에 적극적으로 참여함으로써 비로소 우리는 니체가 말한 '주인의 삶'을 살 수 있는 것입니다. 사실 어둠이란 빛이 꺼진 상태일 뿐입니다.

Dr. 필로소피_마지막 솔루션

우리는 우리 선택의 결과물이다.

_장 폴 사르트르

에필로그

제가 철학을 꾸준히 공부하는 이유는 재미있기 때문입니다. 저는 철학을 공부하면서 많은 깨달음을 얻었습니다. 그중에서 가장 중요한 것은 해방감이었습니다. 그간 나를 괴롭혀온 것이 사실 나의 생각에서 비롯된 것을 알게 되었거든요. 철학자들의 언어는 바로 그것을 일깨워주었습니다. 저는 그들의 언어를 통해 잘못된 생각과 편견을 바로 잡을 수 있었고, 저를 속이는 많은 프레임에서 벗어날 수 있었습니다.

철학을 통해 생각의 자유를 얻다

영화 〈매트릭스〉에서 주인공 네오는 자신이 매트릭스에 갇혀 있다는 것을 깨닫습니다. 그리고 그곳을 탈출합니다. 여기서 끝나면 영화가 아니지요. 결국 그는 매트릭스 안에서 자유로워지는 방법을 알게 됩니다. 하늘을 날아다니며 매트릭스 안을 자유롭게 유영합니다. 저도 딱 이와 같은 기분을 느꼈습니다. 현재 저는 모든 것에서부터 자유로운 감정으로 살아가고 있습니다.

또한 철학을 통해 오랫동안 당연시하던 생각의 한계를 넘어서기 시작했습니다. 그중에 '무와 유'의 관념이 있습니다. 과연 '무'란 있는가? 있다는 말 자체가 유이기 때문에 주어와 술어가 모순됩니다. 우리 인간은 아무것도 없다는 것을 사실 상상할 수 없습니다. 눈을 감아도 우리는 무언가를 보고 있는 것입니다. 그 안에는 검은색이 있습니다. 즉 공간이 있는 것입니다. 완벽한 무란 공간마저 없어야 하는데 우리는 그것을 상상조차 할 수 없어요. 그래서 칸트는 "인간은 시간과 공간을 지우고 그 어떠한 것도 상상할 수 없다"[58]고 말합니다. 철학에서는 이것을 '본유관념'이라고 합니다. 즉 인간이 태어나면서부터 선험적으로 얻은 생각의 틀입니다. 인간의 의식은 바로 이 시공과 함께 갑니다.

더 깊은 사유 안으로

어느 날 문득 그런 생각이 들었습니다. 무에서 유가 나왔다는 것 자체가 편견이 아닐까? 세상이 처음에는 무였다고 생각하는 것은 어쩌면 인간 생각의 한계일 수 있겠다, 라는 생각이었죠. 네, 그렇습니다. 세상은 처음부터 '유'일 수도 있습니다. 보이는 모든 것은 없어지는 게 아니라 그저 변화하는 것일지도 모르니까요. 그렇다면 죽음도 무가 아니라 자연스러운 변화 과정에 속할 겁니다. 변화는 '유'임을 전제합니다. 무는 변화할 수 없으니까요. 즉 우리는 날마다 새로운 생성 안에 있는지 모르겠습니다. 데카르트 역시 "무에서 어떤 것이 생긴다는 것은 모순이기 때문에, 나는 그 관념을 나 자신한테서도 얻을 수 없었다"[59]라고 고백하죠.

아리스토텔레스는 "존재하는 것은 어떤 것의 가능태이자 현실태"라고 했습니다. 가령 씨앗은 식물의 가능태이자 씨앗이라는 현실태로 존재합니다. 그렇다면 식물은 무엇의 가능태일까? 식물은 또 다른 씨앗을 품었기에 다시 씨앗의 가능태이자 식물이라는 현실태입니다. 이렇게 보면 무는 어떤 것에 대한 가능태가 될 수 없죠? 아무것도 아니니 현실태도 될 수 없습니다. 어쩌면 인간의 죽음이라는 사건도 이런 순환의 원리에 따라 새로운 가능태인지 모를 일입니다. 즉 우주적 관점에서 완벽한 끝이란 없는 것이며 우리도 그 일부일 수 있습니다.

철학의 사유 방식을 통해 제가 통찰한 생각입니다. 이로 인해 저는 '죽음의 공포'를 많은 부분 극복할 수 있었습니다. 사실 불안과 공포 그 모든 것은 우리 뇌 신호의 영향일 뿐입니다. 뇌의 작용, 즉 의식의 작용이 전기신호라고 할지라도 그 전기신호로 어떻게 우리가 인식하는지 충분히 설명되지 않습니다. 스마트폰 역시 전기신호를 통해 우리에게 영상을 보여주지만 그 안에 펼쳐지는 화면은 전기신호 너머의 색채와 동작을 포함하지요. 우리의 삶이란 일종의 전기신호일 수 있습니다. 그리고 그 너머가 바로 형이상학적인 철학의 세계입니다. 이렇듯 철학은 현실계와 초월계를 넘나들며 현상을 탐구하는 학문입니다.

세상이 먼저일까, 내가 먼저일까?

또한 철학을 통해 세계는 나에게 영향을 받는다는 사실을 알았습니다. 불확정성의 원리라는 것이 있습니다. 양자역학을 통해 증명된 세계입니다. 우리는 이로 인해 "당연하다고 생각한 것들이 정말 당연한가?"라는 생각을 하게 됩니다. 본다는 것이란 무엇인가? 양자역학에서는 보는 행위가 대상에 영향을 준다고 합니다. 어떤 물리량을 측정할 때 영향을 주지 않고 측정하는 것은 불가능한 것입니다. 이렇게 사물의 존재를 파악해갑니다. 우리가 눈으로 본다는 것은 빛이 몸에 맞아 튕기는 동안 교란을 보는 것입니다. 측정하는 행위가 대상을 교란시키는 것입니다. 이것을 철학적으로 사유한다면 우리가 보는 모든 것, 우리가 믿는 모든 것 역시 즉 주체인 나에게 영향을 받는 셈입니다.

저는 이렇게 정의합니다. "세상이 존재하기에 내가 있는 것이 아니라 내가 존재하기에 세상이 있는 것이다"라고 말이에요. 시간의 상대성 이론을 통해 영원주의(eternalism)를 깊이 사유한 적이 있습니다. 그렇다면 모든 시간은 지금 그곳에 현존할 것입니다. 만개한 꽃들은 영원히 이곳에 존재하고, 꽃잎이 떨어져 앙상한 가지 역시 그때 거기에 영원히 존재할 것이기에, 꽃이 피고 지는 것이 중요한 것이 아니라 우리의 시선이 우리가 머무는 바로 이곳에 있는 '나'(my self)라는 존재가 중요한 것입니다. 시간은 진정 내가 있기에 가능합니다. 시간은 흐르지 않습니다. 다만 내가 흐를 뿐입니다.

당신이 특별한 이유

세계를 나 자신의 표상으로 본 쇼펜하우어의 철학을 사유하면 "세계는 인식하는 주체를 위해 존재한다"[60]라는 것을 알 수 있습니다. 또한 세계는 언제나 우리를 위해 존재해왔고 앞으로도 우리를 위해 존재한다는 것을 의미합니다. 그러고 보면 우리의 삶은 무척 특별합니다. 우리는 어디에서 왔을까요? 도저히 인간 지능으로는 파악할 수 없는 무에서 유가 생겨 우주라는 것이 탄생했습니다. 어떤 지점에서 빅뱅이 일어나고 불가능한 확률로 질서정연하게 혼돈에서 질서가 잡혔습니다. 여기에 엄청난 우연으로 태양계가 생기고 또 한 번 엄청난 확률로 태양계에 지구라는 곳이 생겼습니다. 더욱 놀라운 것은 이곳에 말도 안 되는 확률로 유기체라는 생명의 근원이 자라나기 시작했습니다. 지구의 기후는 오랜 세월 혹독했습니다. 그러다가 지구 역사에서 아주 짧은 기간 기후가 안정화되었습니다. 그리고 바로 그 순간 우리 인간이라는 생명이 탄생했습니다. 이것은 허리케인에 날아간 목재들이 우연히 결합해 정교한 건물이 될 확률보다 낮은 것입니다. 즉 우리의 존재는 매우 특별한 '우주적 사건'입니다. 어쩌면 이 우주는 당신을 꽃피우기 위해 생겨난 무대일 수 있습니다. 제가 인간을 특별한 존재로 생각하는 이유입니다. 철학적 관점에서 이 광대한 세상은 바로 당신을 위해 존재합니다.

삶은 오묘하다

그렇다면 세상은 왜 이렇듯 오묘한가요? 우리가 흔히 특별한 분위기를 풍기는 사물이나 사람을 볼 때, 오라(aura)가 다르다고 말하곤 하죠. 오라라는 말의 어원은 그리스어 '숨'(aupa)에서 나왔습니다. 이 말은 현대 철학자이자 문예평론가인 발터 벤야민(Walter Benjamin, 1892~1940)에 의해 대중적으로 쓰이게 되었습니다. 현상에 대한 미적 사유가 바로 이 오라라는 말에 함축되어 있습니다. 오늘날 사진 미학은 그의 개념에 많은 부분 기대어 있습니다. 그는 오라를 이렇게 정의합니다. "가까이 있는 것 같으나 멀리 있음" 즉, 시공 어딘가에 부유하는 실체로서 독특한 위치와 시간 속에 있는 '어떤 것'입니다. 저는 이것을 소유 불가능성이라고 해석하고 싶습니다. 분명 눈앞에 있지만, 손에 넣을 수 없는 것들 말입니다. 잡으려 하면 멀리 달아날 뿐입니다. 그래서 우리는 그것을 사진이라는 기억 공간에 저장하는지 모르겠습니다.

삶이란 그런 오라의 집합입니다. 각자가 시공을 점유하나 그것이 어떤 자유로움 안에서 조화를 이룰 때 특별한 감정에 사로잡힙니다. 그 순간이 한없이 아름답게 느껴지는 이유는 사실 붙잡을 수 없기 때문입니다. 우리가 보는 세상은 언제나 가까이 있으나, 동시에 언제나 멀리 있기 때문이죠. 그렇기에 이런 세상을 한 가지 잣대로만 보는 것은 불가능한 일입니다.

철학하기로 유연함 기르기

저는 이 같은 철학적 사유 과정을 통해 자연스럽게 유연한 사고를 길렀습니다. 그래서인지 생각이 경직되거나 몸에 잔뜩 힘이 들어간 사람을 보면 우선 걱정됩니다. 부러질까 봐요. 그렇습니다. 세상은 우리가 믿는 바보다 훨씬 부드럽고 유연합니다. 씨앗은 숲이 되고 시냇물은 강이 되고 강은 바다가 됩니다. 무성하게 자란 나무는 열매를 맺고 다시 씨앗이 됩니다. 우리가 영원히 살 것 같지만, 그저 순간일 뿐이며, 우리 생애도 또 다른 자연 발생을 위한 씨앗일 뿐입니다. 세상은 그렇게 변화하며 유연합니다. 내 뜻대로 되지 않으면 세상 망할 것 같아도 그렇지가 않습니다. 그것이 절대적인 것 같아도 한 세대만 지나도 없어질 가치일 수 있습니다. 모든 것은 연결되어 있고 순환하며 정화되기에 그곳이 길이라면 반드시 그렇게 흘러갑니다. 그곳만이 길이라는 건 우리의 허상일 수 있습니다. 결국 노자의 '상선약수'[61] 정신이 필요합니다. 우리의 자아도 물처럼 흘러야 합니다. 자신에게도 유연해야 하는 것입니다. 강직된 나무는 버티다 부서지고, 물은 흘러 바다가 됩니다. 생물은 바다에서 번성합니다. 우리의 마음도 그렇습니다.

참 재미있는 철학

노자는 '도가도비상도(道可道非常道)'라 했습니다. "도는 말할 수 있는 성질의 것이 아니다", 즉 "도를 도라고 말하는 순간 도가 아니게 된다"[62]라는 뜻인데요. 노자 《도덕경》에 나오는 말입니다. 여기서 동양철학과 서양철학의 차이가 보입니다. 동양철학은 논리로는 알 수 없는 '깨달음'에 초점을 맞추는 반면 서양철학은 언어와 논리학을 기반으로 말의 정의를 내리며 이루어집니다. 동양은 말보다는 깨우침, 언어를 뛰어넘는 사유와 정신을 강조합니다. 불교 철학에 나오는 돈오돈수(頓悟頓修), 즉 '단박에 깨우침'이라는 개념도 이와 같습니다.

그래서 저는 더욱 철학이 흥미롭습니다. 동양에서 말하는 깨우침과 서양의 논리 안에서 세계를 탐구하다 보면 이 두 세계가 어느 순간 만납니다. 저는 이런 지식과 동시에 삶의 깨달음을 얻을 수 있는 학문이 '철학'이라고 생각합니다.

철학은 삶의 나침반이다

마지막으로 저는 철학을 통해 결핍을 자연스럽게 받아들이게 됐습니다. 결핍 그 자체는 선도 아니고 악도 아닙니다. 그저 내 마음과 만족의 차이일 뿐입니다. 그러나 그릇이 차면 더는 그릇이 아닙니다. 비어 있음은 오히려 무한한 가능성을 내포합니다. 우리를 배부르게 하는 것은 사실 배고픔을 '느끼기' 때문 아닐까요? 배고픔이 없다면 배부름은 아무런 만족을 주지 못합니다. 인간의 쾌락도 결핍에서 옵니다. 모든 걸 갖춘 이가 더는 살아갈 욕구를 느끼지 못하는 것은 결핍을 상실했기 때문입니다. 그래서 결핍을 느끼지 못하면 오히려 위험합니다. 철학은 지금까지 내가 보지 못했던 세계를 끊임없이 보여줍니다. 그러므로 저의 가능성은 무한으로 확장되는 감정에 휩싸입니다. 삶을 긍정적으로 살아갈 새로운 에너지인 것입니다. 어니스트 헤밍웨이(Ernest Hemingway, 1899~1961)의 소설 《노인과 바다》에서 노인은 오직 물고기 한 마리를 잡기 위해 자신의 경험과 모든 노하우를 그 치열한 싸움에 모두 쏟아붓습니다. 결국 싸움에서 이겼지만, 상어한테 물어뜯긴 고기만을 얻었을 뿐입니다. 노력이 성과를 온전히 가져다주지 못할 때도 많습니다. 사실 노인은 그런 결과를 예상했을 수 있어요. 그럼에도 그는 최선을 다했습니다. 이유가 무엇일까요? 실존하는 인간이었기 때문입니다. 인간이 살아가는 목표가 꼭 생산성을 달성하기 위한 것은 아니잖습니까? 마찬가지로 그 노인은 무언가 자신만의 결핍을 채우기 위해 도전했던 것이지요.

인생이 바다를 항해하는 것이라고 한다면 우리는 나침반을 들고 일정한 항로로 노를 저어갈 것입니다. 그러나 아무리 예측해도 비가 내리고 폭풍이 불고 파도가 치는 것을 모두 계산하면서 갈 수는 없는 법입니다. 그러므로 우리가 할 수 있는 최선이란 그 방향으로 묵묵히 나아가는 것일 겁니다. 오히려 그런 한계가 우리의 삶을 더욱 명료하게 합니다. 가장 중요한 것은 우리가 어디를 항해하고 있는지를 아는 것입니다. 우리가 어디 있는지 안다면 다가올 위협에 맞서 힘차게 싸울 수 있습니다. 그러나 내가 어디 있는지조차 모른다면 어떤 폭풍이 어떤 파도가 다가올지 알 수 없으며 무엇보다 망망대해 안에서 길 잃은 신세가 되고 말 것입니다. 이것이 인간에게 주는 공포와 스트레스는 말로 다 하기 어렵습니다.

그래서 우리에게는 삶의 나침반이 필요합니다. 어디로 가야 할지를 결정하기 위해선, 내가 어디에 있는지 알아야 하기 때문입니다. 저에게는 훌륭한 나침반이 있습니다. 바로 철학입니다. 이제 이 나침반을 여러분에게 권할 차례입니다. 마지막으로 이마누엘 칸트의 말로 독자 여러분과의 즐거웠던 철학 여행을 끝맺고자 합니다.

"과감히 스스로 생각하라."

인용 출처 및 주

1   버트런드 러셀, 서상복 옮김, 《러셀 서양철학사》, 을유문화사, 2019, 669p.

2   프리드리히 니체, 박찬국 옮김, 《도덕의 계보》, 아카넷, 2021, 72p.

3   이명곤 지음, 《키르케고르 읽기》, 새창미디어, 2014, 274:7~8p.

4   페터 쿤츠만 외, 여상훈 옮김, 《철학노해사선》, 들녘, 2016, 483:25~26p.

5   김필영 지음, 《5분뚝딱철학》, 스마트북스, 2020, 140:8~14p 참조.

6   아르투어 쇼펜하우어, 곽복록 옮김, 《의지와 표상으로서의 세계1》, 올재 클래
    식스, 2021, 16p.

7   디펙 초프라, 미나스 카파토스, 조원희 옮김 《당신이 우주다》, 김영사, 2023,
    6:9~10p.

8   디펙 초프라, 미나스 카파토스, 조원희 옮김 《당신이 우주다》, 김영사, 2023,
    6:17~18p.

9   디펙 초프라, 미나스 카파토스, 조원희 옮김 《당신이 우주다》, 김영사, 2023,
    2p.

10 둥펑, 이준식 옮김, 《칼과책》, 글항아리, 2019, 266:5~18p.

11 디펙 초프라, 미나스 카파토스, 조원희 옮김, 《당신이 우주다》, 김영사, 2023,
    21:17~18p.

12 에릭 와이너, 김화현 옮김, 《소크라테스 익스프레스》, 어크로스, 2021,
    131:9~11p.

13 버트런드 러셀, 서상복 옮김, 《러셀 서양철학사》, 2019, 을유문화사, 731p.

14 에리히 프롬, 황문수 옮김, 《사랑의기술》, 문예출판사, 2022, 126:1~3p.

15 장 보드리야르, 이상률 옮김, 《소비의사회》, 문예출판사, 2021, 81p.

16 에리히 프롬, 차경아 옮김, 《소유냐 존재냐》, 까치, 2021, 100p.

17 장 자크 루소, 황성원 고봉만 옮김, 《에밀》, 책세상문고, 2022, 44p.

18 에리히 프롬, 황문수 옮김, 《사랑의기술》, 문예출판사, 2022, 50p.

19 지그문트 프로이트, 이환 편역, 《꿈의 해석》, 돋을새김, 2019, 95:8~14p 참조.

20 버트런드 러셀, 서상복 옮김, 《러셀 서양철학사》, 2019, 을유문화사, 87p.

21 버트런드 러셀, 송은경 옮김, 《게으름에 대한 찬양》, 사회평론, 2021,
    176:9~11p.

22 버트런드 러셀, 서상복 옮김, 《러셀 서양철학사》, 2019, 을유문화사, 698:15~17p.

23 김근배, 《끌리는 컨셉의 법칙》, 2014, 중앙books, 18p 참조.

24 지그문트 프로이트, 이환 편역, 《꿈의 해석》, 돋을새김, 2019, 139p.

25 아르투어 쇼펜하우어, 곽복록 옮김, 《의지와 표상으로서의 세계》 올재클래식스, 2021, 16p.

26 르네 데카르트, 김선영 옮김, 《방법서설》, 부북스, 2018, 15p.

27 디펙 초프라, 미나스 카파토스, 조원희 옮김, 《당신이 우주다》, 김영사, 2023, 16p.

28 에드문트 후설, 박지영 옮김, 《현상학의 이념》, 필로소픽, 2020, 27p.

29 아르투어 쇼펜하우어, 최현 옮김, 《인생론》, 범우사, 2020, 147p.

30 움베르토 에코, 윤병언 옮김, 《경이로운 철학의 역사: 현대편》, 아르테, 2023, 31p.

31 이마누엘 칸트, 정명오 옮김, 《순수이성비판》, 동서문화사, 2021, 48p.

32 알랭 드 보통, 스티븐 핑커 외, 전병근 옮김, 《사피엔스의 미래》, 모던아카이브, 2016.

33 한스 로슬링, 이창신 옮김, 《팩트풀니스》, 김영사, 2019, 14~31p.

34 한병철, 《피로사회》, 문학과지성사, 2012, 32p.

35 노자, 소준섭 옮김, 《도덕경》, 현대지성, 2020, 162p.

36 도구로서의 존재성: 마르틴 하이데거, 전양범 옮김, 《존재와 시간》, 동서문화사, 2021, 90~103p. / 박찬국, 《하이데거의 존재와 시간 읽기》, 세창미디어, 2016, 37p 참조.

37 움베르토 에코, 윤병언 옮김, 《경이로운 철학의 역사: 현대편》, 아르테, 2023, 72:2~5p.

38 놈 촘스키, 미셸 푸코, 이종인 옮김, 《촘스키와 푸코, 인간의 본성을 말하다》, 시대의창, 2022, 170p.

39 놈 촘스키, 강주헌 옮김, 《촘스키, 누가 무엇으로 세상을 지배 하는가》, 시대의창, 2021, 163p.

40 1923년 막스 호르크하이머(M. Horkheimer, 1895~1973)에 의해 창설, 맑스주의 이론에 독일 관념론, 프로이트 이론 등 다양한 학문을 융합한 진보적 사회이론 그룹

41 놈 촘스키, 미셸 푸코, 이종인 옮김, 《촘스키와 푸코, 인간의 본성을 말하다》, 시대의창, 2022, 190p.

42 질 들뢰즈, 김상환 옮김, 《차이와반복》, 민음사, 2021, 20p.

43 놈 촘스키, 장영준 옮김, 《촘스키, 러셀을 말하다》, 시대의창, 2012, 156p.

44 놈 촘스키, 장영준 옮김, 《촘스키, 러셀을 말하다》, 시대의창, 2012, 154p.

45 버트런드 러셀, 송은경 옮김, 《게으름에 대한 찬양》, 사회평론, 2021, 167p.

46 이한구, 《열린사회와 그 적들 읽기》, 세창미디어, 2018, 172p.

47 버트런드 러셀, 서상복 옮김, 《러셀, 서양철학사》, 을유문화사, 2019, 330p.

48 아르투어 쇼펜하우어, 최현 옮김, 《인생론》, 범우, 2020, 197:3~11p.

49 미하엘 하우스켈러, 김재경 옮김, 《왜 살아야 하는가》, 추수밭, 2023, 56p.

50 에리히 프롬, 황문수 옮김, 《사랑의기술》, 문예출판사, 2022, 77p.

51 버트런드 러셀, 서상복 옮김, 《러셀 서양철학사》, 을유문화사, 2019, 745p.

52 [2023 World Happiness Report], Sustainable Development Solutions Network.

53 에리히 프롬, 황문수 옮김, 《사랑의기술》, 문예출판사, 2022, 45p.

54 장 폴 사르트르, 박정태 옮, 《실존주의는 휴머니즘이다》, 이학사, 2021, 66p.

55 정영도 지음, 《칼 야스퍼스 읽기》, 새창미디어, 2014, 77p.

56 에리히 프롬, 차경아 옮김, 《소유냐 존재냐》, 까치, 2021, 175:12~15p.

57 미하엘 하우스켈러, 김재경 옮김, 《왜 살아야 하는가》, 추수밭, 2023, 35p.

58 이마누엘 칸트, 정명오 옮김, 《순수이성비판》, 동서문화사, 2021, 65p.

59 르네 데카르트, 김선영 옮김, 《방법서설》, 부북스, 2018, 56p.

60 미하엘 하우스켈러, 김재경 옮김, 《왜 살아야 하는가》, 추수밭, 2023, 47p.

61 최고의 경지는 물과 같다는 뜻으로 부드럽고 유연한 것이 최상의 덕이라는 노장 철학의 핵심 사유가 담긴 말이다.

62 노자, 소준섭 옮김, 《도덕경》, 현대지성, 2020, 21p.

참고문헌

강영안, 《강교수의 철학이야기》, IVP

고혜경, 《나의 꿈 사용법》, 한겨레출판

김교빈, 이현구, 《동양철학 에세이》, 동녘

김근배 《끌리는 컨셉의 법칙》, 중앙북스

김상환, 《왜 칸트인가》, 21세기북스

김필영, 《5분 뚝딱 철학》, 스마트북스

게오르크 빌헬름 프리드리히 헤겔 《정신현상학》, 동서문화사

노자, 《도덕경》, 현대지성

노엄 촘스키, 《촘스키, 러셀을 말하다》, 시대의창

둥핑, 《칼과책》, 글항아리

디펙 초프리, 미나스 카파토스 《당신이 우주다》, 김영사

르네 데카르트, 《방법서설》, 부북스

마르틴 하이데거, 《존재와 시간》, 동서문화사

마리에타 맥카티, 《나를 찾아온 철학씨》, 메디치

미렐라 카르보네, 요아힘 융, 《니체, 건강의 기술》, 북코리아

미셸 푸코, 《말과 사물》, 민음사

미하엘 하우스켈러, 《왜 살아야 하는가》, 추수밭

막스 베버, 《프로테스탄트 윤리와 자본주의 정신》, 현대지성

박찬국, 《하이데거의 존재와 시간 읽기》, 새창미디어

버트런드 러셀, 《게으름에 대한 찬양》, 사회평론

버트런드 러셀, 《러셀 서양철학사》, 을유문화사

버트런드 러셀, 《철학이란 무엇인가》, 문예출판사

버트런드 러셀, 《행복의 정복》, 사회평론

베터 쿤츠만 외, 《철학도해사전》, 들녘

비트겐슈타인, 《논리철학논고》, 책세상

쇼펜하우어, 《의지와 표상으로서의 세계 1권, 2권》, 올재클래식스

쇼펜하우어, 《인생론》, 범우
스피노자, 《데카르트 철학의 원리》, 책세상
지그문트 프로이트, 《꿈의 해석》, 돋을새김
존 로크, 《인간 지성론》, 동서문화사
에드문트 후설, 《현상학의 이념》, 필로소피
에리히 프롬, 《소유냐 존재냐》, 까치
에리히 프롬, 《사랑의 기술》, 문예출판사
에릭 와이너, 《소크라테스 익스프레스》, 어크로스
요한네트 휠시베르거, 《서양철학사 상/하》
월터 아이작슨, 《스티브 잡스》, 안진환
유발 하라리, 《사피엔스》, 김영사
유발 하라리, 《호모데우스》, 김영사
유발 하라리, 《21세기를 위한 21가지 제언》, 김영사
이마누엘 칸트, 《순수이성비판》, 동서문화사
이명곤, 《키르케고르 읽기》, 새창미디어
이부영, 《분석심리학 이야기》, 집문당
이부영, 《자기와 자기실현》, 한길사
이한구, 《칼 포퍼의 열린 사회와 그 적들 읽기》, 새창미디어
어니스트 헤밍웨이, 《노인과 바다》, 민음사
오가와 히토시, 《철학용어사전》, 미래의창
알베르 까뮈, 《시시포스 신화》, 민음사
알랭 드 보통 《불안》, 은행나무출판사
움베르토 에코 《경이로운 철학의 역사: 현대편》, 아르테
리처드 도킨스 《이기적 유전자》, 을유문화사
현각, 《선의 나침판》, 열림원
장영도, 《칼 야스퍼스 읽기》, 새창미디어
정미라, 《헤겔의 정신현상학 읽기》, 새창미디어
자크 라캉, 《욕망 이론》, 문예출판사

장 자크 루소, 《에밀》, 책세상

장 자크 루소, 《고독한 몽상가의 산책》, 문학동네

장 보드리야르, 《소비와 사회》, 문예출판사

장 폴 사르트르, 《실존주의는 휴머니즘이다》, 이학사

재러드 다이아몬드, 《대변동》, 김영사

질 들뢰즈, 《차이와 반복》, 민음사

채사장, 《지적 대화를 위한 넓고 얕은 지식: 제로》, 웨일스북스

카를 포퍼, 《열린 사회와 그 적들》, 민음사

카를 구스타프 융, 《인격은 어떻게 발달하는가》, 부글북스

프리드리히 니체, 《도덕의 계보학》, 아카넷

프리드리히 니체, 《선악의 저편》, 아카넷

프리드리히 니체, 《인간적인 너무나 인간적인》, 동서문화사

한병철, 《피로사회》, 문학과지성사

한스 로슬링, 《팩트풀니스》, 김영사

Photo credits

닥터 필로소피
: 내 삶을 치유하는 철학 솔루션

ⓒ 김대호 2023

초판 1쇄 2023년 8월 25일
초판 2쇄 2023년 9월 26일
지은이 김대호
편집 이제롬
디자인 유리악어
펴낸이 이채진
펴낸곳 틈새의시간
출판등록 2020년 4월 9일 제406-2020-000037호
주소 경기도 파주시 하늘소로16, 105-204
전화 031-939-8552
이메일 gaptimebooks@gmail.com
ISBN 979-11-983875-9-2 (03100)